Gernot Wagner

STADT
LAND
KLIMA

Gernot Wagner

STADT LAND KLIMA

Warum wir nur mit einem urbanen Leben die Erde retten

Brandstätter

Inhalt

Von Stelzenhäusern und Passivhausluftschlössern, der wunderbaren Welt
der Klimabuchhaltung und unserem
Natursch(m)utz

Ein Liebesbrief an die Stadt und einer
an das Land, über das Wohnen im „Na
ja, eigentlich", kontraproduktive Klimapolitik und die Stadt als Idee, in der wir
das wahre Klimapotenzial finden

Über lokales Essen und globales
Denken, Quadratmeterfragen und
Bumerang-Effekte, Abenteuerreisen,
die Qual des Pendelns und Mobilität
als Chance

Der Fußabdruckrechner und die Erdöllobbys, Moral und CO_2-Absolution
und eine Einladung: Beginnen wir
beim individuellen Handeln, sorgen
wir aber für einen Systemwandel!

Vor(w)ort

Kaffee, Kuchen – und Quadratmeter

Als ich noch klein war, bekamen wir an Sonntagnachmittagen oft Besuch. Das ist bei einer großen Familie mit einem Dutzend Onkeln und Tanten nun einmal so. Sogar die Tante aus dem fernen Berlin und der Onkel aus München kamen zu uns nach Amstetten im Westen Niederösterreichs. Es kamen nie alle zusammen, und nicht alle gleich oft. Aber fast an jedem Wochenende saßen die Erwachsenen rund um den Tisch im Esszimmer oder jenen auf der Terrasse oder auch um den draußen im Garten. Sie aßen Muttis Kuchen, tranken Vatis Kaffee und unterhielten sich angeregt.

Damals, als Kind in den Achtzigerjahren, habe ich nicht weiter darüber nachgedacht, warum so viele der sonntäglichen Familien-Kaffeekränzchen bei uns zu Hause stattfanden. Waren wir selbst vielleicht so schlechte Hausgäste? Oder schmeckten Kaffee oder Kuchen bei uns einfach am besten? Erst Jahre später wurde es mir klar: Der Hauptgrund waren unsere 78 Quadratmeter Wohnfläche.

Diese 78 Quadratmeter waren groß genug, um den Besuch bequem zu Tisch zu bitten. Sie waren auch deutlich mehr als die 48 Quadratmeter in der Stadtwohnung, in der bis zu zehn meiner Onkel und Tanten gleichzeitig ihre Kindheit verbracht hatten. Es waren zwar nur 15 Minuten Fußweg von dieser Wohnung zu uns in die kleine Vorortsiedlung – doch die Größensteigerung war enorm.

Gleichzeitig waren die 78 Quadratmeter immer noch bescheiden genug, um nicht selbst zum dominierenden Gesprächsthema zu werden. Sie waren nicht das großzügige Haus in Hanglage, wo man sich sonntags vielleicht über die Größe des Swimmingpools unterhalten hätte. Sie waren auch nicht das noch weitläufigere Haus unten an der Donau, wo die „Jahrhundert"-Hochwasser inzwischen – bedingt durch den Klimawandel – alle paar Jahre kamen und das Erdgeschoss daher immer regelmäßiger renoviert werden musste: zwei Mal alleine in den zehn oder zwölf Jahren meiner Kindheit und Jugend, an die ich mich gut erinnern kann. Selbst abseits notwendiger Renovierungen ließ sich das große Haus als eigenes Gesprächsthema nicht vermeiden: Noch vor der Frage, ob man Kaffee oder lieber Tee wolle, kam die Frage, ob wir in der Wohnküche, im vorderen oder doch lieber im hinteren Wohnzimmer Platz nehmen sollten.

Unsere 78 Quadratmeter Wohnfläche waren vor allem eines: Durchschnitt. Guter Mittelklasse-Durchschnitt. Sie drängten sich nie direkt in den Vordergrund.

Diese 78 Quadratmeter waren das ideale Zuhause für unsere vierköpfige Familie. Ein Schlafzimmer, ein Kinderzimmer, Wohnzimmer, Esszimmer, Küche, Toilette und Bad. Wohlgemerkt *eine* Toilette – nicht etwa zwei oder gar vier, die mittlerweile in vielen amerikanischen Vororten und Vorstädten, meist kollektiv *Suburbs* genannt, zum Goldstandard geworden sind: für jedes Kind ein eigenes Schlafzimmer mit eigener Toilette und eigenem Bad. Wie käme die Zwölfjährige dazu, mit ihrem 14-jährigen Bruder ein Badezimmer zu teilen? Ein gemeinsames Schlafzimmer wäre ohnehin keine Option. Damit hat schon die Großeltern-Generation Schluss gemacht – diejenigen, die in den Fünfziger- und Sechzigerjahren aus den Städten wieder nach *Suburbia* geflohen sind: auf Suche nach mehr Platz, weg vom Schmutz und Lärm der Stadt. Die eigenen Schlafzimmer waren dabei sowohl redlich erarbeiteter Luxus – der mittlerweile zum Standard geworden ist – als auch Entschädigung für die Distanz zur Stadt, zur Arbeit, zu den urbanen Unterhaltungsmöglichkeiten.

Ein Mittelklasse-Leben verlangt bestimmte Dinge: den Überseeurlaub zum Beispiel, das Auto für den Weg zur Arbeit und zur Schule, ein entsprechendes Zuhause ebenso. All das – die Erwartungen, die Übererfüllung von Erwartungen, der Wintergarten, der zweite Wintergarten, das Heimbüro, der Weinkeller neben der Sauna, die Sauna neben dem Pool – all das macht auch viele Sonntagnachmittage komplizierter.

Das Haus ist dann nicht mehr nur der Ort, wo man mit anderen Menschen zusammenkommt, um mit ihnen entspannte Gespräche zu führen. Das Haus *ist* der Inhalt des Gesprächs. Oder zumindest weiß man nie so recht: Kam die Einladung, weil der nachmittägliche Besuch genauso zum Sonntag gehört wie der morgendliche Kirchenbesuch? Oder kam sie, weil es etwas Neues zu bestaunen gibt: den neuen Swimmingpool, den nochmals vergrößerten Gartenteich? Ist die Sauna neu oder doch nur größer? Oder war sie beim letzten Besuch einfach nur nicht Teil der Haustour?

Manchmal freilich kann der Drang nach mehr auch nach hinten losgehen: Einer meiner Onkel baute nicht nur einfach in attraktiver Hanglage – er kaufte sich ein Mehrfamilienhaus ganz oben am Hügel mit Fernblick bis nach Amstetten hinten am Horizont. Seine Idee war ursprünglich eine Komplettsanierung: Er selbst war Innenarchitekt, und mittlerweile ging es bei seinen Ambitionen um deutlich größere Projekte als das Wohnzimmer in unserer 78-Quadratmeter-Wohnung. Sein Haus hatte ein geräumiges Schlafzimmer – den *Master Bedroom*, ganz in amerikanischer Tradition. Von seinen vielen Nordamerikareisen kam auch die Inspiration für den *Master Bathroom* – Ausblick über die Dächer der „Normalsterblichen" von der Badewanne aus inklusive. Alleine bei diesem repräsentativen Schlafzimmer mit eigenem Bad fehlte nicht mehr viel auf unsere 78 Quadratmeter.

***

Die grundlegende Frage, wo und wie wir leben (sollen), was die jeweiligen Motive dafür sind und was das alles mit unserem Klima zu tun hat, begleitet mich seit vielen Jahren. Sie treibt mich als Wissenschaftler an, und sie begleitet meine Familie und mich in unserem persönlichen Alltag. Als Klimaökonom beschäftige ich mich mit globalen Zahlen: mit den relativen Kosten von Klima*schmutz* und Klima*schutz*, mit Zahlen über Risiken und Ungewissheiten. Als Mensch frage ich mich: Was bedeuten diese Zahlen für mich persönlich? Welche Entscheidungen sollte ich treffen? Welche nicht? Und was ist notwendig, damit wir alle jene Entscheidungen treffen – und treffen wollen –, die uns ein gutes Leben ermöglichen und zugleich unseren Planeten schützen?

Dabei geht es um die Einstellung zum täglichen Leben; um Normen; darum, was einem selbst und seinen Nachbarn, Freunden und Verwandten wichtig ist – oder wichtig sein sollte. Es geht um Architektur, Design und Technologie ebenso wie um Mobilität: das tägliche Pendeln zur Arbeit und zur Schule, den Weg zum Bäcker und zum Wochenendeinkauf und den alljährlichen Familienurlaub. Es geht um Verkehrs- und Raumplanung, um Politik. Es geht um Zielkonflikte und um Kompromisse – sowohl auf volkswirtschaftlicher und gesamtgesellschaftlicher als auch auf ganz persönlicher Ebene. Es geht um die Frage: Wo leben wir wann und wie? Und vor allem auch: Warum?

Stadt, Land, *Suburbia*

Bei uns im Amstettener Vororthaus gab es genau genommen auch noch eine zweite Toilette: Die 78 Quadratmeter Wohnfläche bezogen sich nämlich auf unsere Familienwohnung im ersten Stock. Falls wirklich einmal viele Leute zu Besuch waren, gingen wir Kinder hinunter ins Erdgeschoss. Dort wohnten Oma und Opa. Kurz bevor meine Eltern noch einmal Nachwuchs

erwarteten, zogen mein Bruder und ich nach unten, in das sogenannte Bügel- und Extrazimmer. Dort hatte zuvor manchmal
unsere Uroma geschlafen, wenn sie zu Besuch kam. Mittlerweile
war sie gestorben.

Das Haus lebte mit unserer Familie mit – wie ein Haus eben,
das von drei Generationen einer großen Familie bewohnt wird.
Inzwischen ist aus der Terrasse ein zusätzliches Zimmer geworden,
19 Quadratmeter groß, für den Fall, dass die vierte Generation zu
Besuch kommt. Die jüngste Generation, das sind meine beiden
Kinder, Annan und Sonja, die nun immer wieder das Vorortleben
bei Oma und Opa in Niederösterreich genießen dürfen.

Beide sprechen in ihrem Alltag – in Manhattan, New York
City – das ganze Jahr über davon, dass sie im Sommer wieder
nach Amstetten reisen möchten. Dorthin, wo sie mit ihrem Opa
einen ganzen Sommer lang das Radfahren perfektioniert haben;
wo sie einmal pro Woche – und zwar jede Woche – mit ihren
Fahrrädern zum Pizzaessen ins Amstetter Einkaufszentrum
fahren dürfen. In den Vereinigten Staaten, wo ich seit meinem
Schulabschluss am Amstetter Gymnasium lebe, waren meine
Frau und ich mit unseren Kindern noch nie in einem solchen
Shoppingcenter – wenigstens nicht, ohne es davor ausdrücklich
als anthropologisches Experiment zu deklarieren: *Shopping Malls*
sind für uns eine andere Welt.

***

Zugegeben: Meine Frau und ich haben als Familie – nach mittlerweile zwanzig Jahren in den Vereinigten Staaten – noch nie
im tatsächlichen „Amerika" gewohnt. Wir waren dort höchstens
zu Besuch. Soweit sich das ohne Auto machen lässt, denn Führerschein habe ich keinen, so wie fast die Hälfte aller New Yorker.
Über zwei Drittel besitzen hier auch kein Auto. Unseren letzten
Umzug von Cambridge (im Bundesstaat Massachusetts) nach New
York City haben wir per Fahrrad, Bahn und Schiff erledigt. Die

340 Kilometer zwischen den beiden Ostküstenstädten überwinden Auto und Bahn in weniger als vier Stunden. Wir waren ganze vier Tage unterwegs – Urlaub inklusive. Doch auch dieser Trip durch einen Teil des Nordostens der Vereinigten Staaten hatte nur wenig mit dem ländlichen Amerika zu tun. Weite Teile dieser Region sind riesige *Suburbs*: erst jene von Boston, dann die von Providence (in Rhode Island) und ein paar kleineren Städten entlang des Weges. Und dann kommt der Speckgürtel, der alle anderen Speckgürtel in den Schatten stellt: die *Suburbs* von New York.

New York City selbst hat knapp über acht Millionen Einwohner, ebenso viele wie ganz Österreich oder die Schweiz. Davon wohnen rund 1,6 Millionen Menschen in Manhattan, die damit die am dichtesten bebauten sechzig Quadratkilometer der Vereinigten Staaten sind. Diese Bevölkerungsdichte ist höher als jene in allen europäischen Städten; sie ist etwa siebenmal so hoch wie jene Berlins. Und sie konkurriert mit den am dichtesten besiedelten Metropolen der Welt wie Mumbai und Kolkata in Indien. Ganz New York mit seinen acht Millionen Einwohnern ist hingegen „nur" etwa halb so dicht besiedelt, in etwa wie Peking oder Neu-Delhi – immer noch viel dichter als jede europäische Großstadt.

Die *Suburbs* von New York haben nicht minder gewaltige Ausmaße: Sie beherbergen um die zwölf Millionen Menschen. Die ganze Metropolregion hat über zwanzig Millionen Einwohner, mehr als Nordrhein-Westfalen. Dabei verschwimmen die Grenzen zusehends; die *Suburbs* ziehen sich mittlerweile über vier Bundesstaaten hinweg: New York, New Jersey, Connecticut und Pennsylvania.

Manche dieser *Suburbs* sind tatsächliche Orte, vergleichbar mit europäischen Kleinstädten: relativ kleine Häuser rund um einen beschaulichen Ortskern. Die Mittelklasse lebt in den nächstgelegenen Vororten: Die begehrtesten haben einen kleinen Bahnhof mit direkter Verbindung nach New York City. Zehn

Minuten zu Fuß oder mit Rad zum Bahnhof, dreißig oder vierzig Minuten im Zug, und schon steht der Familienvater aus Montclair, New Jersey, in Midtown Manhattan, während die Mutter ihre Kinder in die großzügig angelegte Vorortschule bringt.

Das Familiendomizil ist ebenso großzügig gestaltet: Mittlerweile zählen 200 Quadratmeter als Standard, verglichen mit etwa 110 Quadratmetern in Deutschland – Tendenz da wie dort steigend. Vorortidylle, mit dem dazugehörigen, oft nur allzu traditionellen Familienbild: sonntagmorgens Kirchenbesuch, sonntagnachmittags Kaffee und Kuchen – freundschaftliche Haustouren inklusive.

Wenn beide Elternteile arbeiten, sind es manchmal noch mehr Quadratmeter, einschließlich Zimmer und Bad für das Au-pair. Und falls es nur einen alleinerziehenden Elternteil gibt oder sonst etwas „komplizierter" wird, dann ist es eben so: kompliziert! Dann ist man vielleicht auch nicht geeignet für das Vorortleben. (Aus Sicht der dortigen Bewohner ist das sogar einer der großen Vorteile: eine ganz von selbst hergestellte und bewahrte Stabilität. Vorortidylle eben.)

Viele dieser *Suburbs* sind freilich nicht ganz so idyllisch. Sie sind vor allem eines: eine bequeme Schlafstätte. Der Besuch am Sonntagnachmittag ist dann kaum ein Thema, denn die Familienmutter arbeitet ohnehin im Krankenhaus: Die Wochenendschicht wird besser bezahlt, die Nachtschicht ebenso. Meine Frau Siri (ja, wie beim iPhone) wuchs so auf – in Yonkers, einer Vorstadt nördlich von New York, auf ungefähr doppelt so vielen Quadratmetern wie ich, und teils auch mit doppelt so vielen Personen im Haus.

Von Vorortidylle spricht in solchen Fällen kaum jemand: Man ist hier in *Suburbia*, weil das andere auch so machen. Die Anzahl der Quadratmeter ist dann fast schon egal. Groß genug ist es, und falls es doch einmal knapp werden sollte, lässt sich über der Garage leicht noch ein Schlafzimmer einrichten, dahinter ebenso. Ein Pool hätte im Garten auch noch Platz. „Könnte", „wäre", „hätte" – es geht um die Möglichkeiten, um den Traum. Das Eigenheim gehört nun mal dazu. Das ist in Europa nicht anders. Hier schlägt es sich sogar sprachlich nieder – die deutsche Übersetzung für *Family Home*, das Zuhause für die ganze Familie, lautet nicht umsonst: *Ein*familienhaus.

***

Über die Hälfte der Weltbevölkerung lebt heute in Städten, Tendenz steigend.[1] Mit Städten ist tatsächlich das gemeint: dichte urbane Zentren. Platz ist dort knapp und in begehrenswerten Stadtteilen auch entsprechend wertvoll. Die Mittelklasse zieht es daher zunehmend hinaus in die *Suburbs*, die Vorstädte und -orte, auf der Suche nach mehr Platz.

Der Weg vom Land in die Stadt in die *Suburbs* scheint zum natürlichen Lauf der Dinge geworden zu sein: Zunächst wird das Leben in Hektar gemessen, dann in Stadtwohnungsdimensionen (48 oder 84 Quadratmeter oder irgendwas dazwischen), denen es zu entkommen gilt. Ein Drittel der Amerikaner wohnt in mehr oder weniger dicht bebauten Städten. Etwa 50 Prozent leben mittlerweile in *Suburbia*. Der kleine Rest lebt immer noch – oder auch wieder – am Land.[2] Der Traum vom Einfamilienhaus ist aber bei Weitem nicht nur etwas typisch Amerikanisches. Genauso ist er asiatisch: Die Vororte von Bangkok dehnen sich ebenso aus wie jene in Kuala Lumpur. Der Traum ist australisch, südafrikanisch, südamerikanisch. Und er ist auch europäisch: Suburbanisierung, Speckgürtel und Zersiedelung gibt es mittlerweile auf der ganzen Welt.

In Deutschland zum Beispiel liegt der Anteil der Landbevölkerung auf dem niedrigsten Stand seit dem Jahr 1871. In der Region Berlin-Brandenburg leben heute 88 Prozent aller Einwohner im urbanen Raum.[3] Die großen Städte wachsen zwar – allerdings fast nur mehr dank Immigration aus dem Ausland. Deutsche Staatsangehörige hingegen wandern seit 2014 noch stärker ins Umland der großen Städte ab.[4] Die Landkreise, die am schnellsten wachsen, liegen rund um Städte wie Frankfurt/Main, München oder Stuttgart: im Speckgürtel, *Suburbia*.[5]

Der Grund für diese Entwicklung, so ist vielerorts zu hören, sind die hohen Quadratmeterpreise in den Innenstädten. Das stimmt in vielen Fällen, ist aber gleichzeitig nur ein Teil der Erklärung: Die teuersten Wohnungen sind oft in Städten zu finden, aber ebenso befinden sich auch die billigsten Wohnungen dort, und natürlich gibt es auch alles dazwischen. Der Traum vom Einfamilienhaus ist vor allem Lebenseinstellung. Er ist Erwartung, er ist Norm, er ist Werbung: die glückliche Vorortfamilie im idyllischen Einfamilienhaus mit eigenem Garten. Die dadurch entstehende Abhängigkeit vom Auto für die Fahrt zur Arbeit: purer Fahrgenuss, individuelle „Freiheit"! Die Erhaltungskosten für die 100 oder mehr Quadratmeter: volkswirtschaftliche Wertschöpfung.

Der Traum vom Einfamilienhaus ist auch Politik, mit all den dazugehörigen Steueranreizen und Subventionen: „Bausparverträge" heißen nicht umsonst so. Die Einkaufszentren mit ihren riesengroßen Parkplätzen am Stadtrand, die dazu einladen, in immer größeren Gefährten die attraktivsten Schnäppchen zu immer größeren Häusern noch weiter weg zu kutschieren – sie sind ein direktes Ergebnis der Steuer-, Verkehrs- und Regionalpolitik, das gleichzeitig viele Innenstädte weiter vereinsamen lässt.

Nicht zuletzt ist der Vororttraum: Natur- und Klimakiller.

Stadt, Land, Klima

Klimaschmutz entsteht zwar überall – in Suburbs entstehen jedoch doppelt so viele CO_2-Emissionen wie in Städten oder am Land.[6] Klimaschutz liegt in der Stadt.

Die Logik ist einfach: Die entscheidenden Faktoren heißen Reichtum und Dichte. Reichtum bedeutet mehr CO_2-Emissionen, Dichte weniger. Das Land ist relativ arm und dünn besiedelt. Städte sind relativ reich und dicht besiedelt. *Suburbs* liegen genau dazwischen: Sie haben zwar relativen Reichtum, aber kaum Dichte. Das bedeutet: größere Häuser, mehr Autos, mehr materieller Konsum – und daher auch deutlich mehr CO_2-Emissionen.

Stadt selbst ist noch kein Garant für ein CO_2-armes Leben. Reichtum und Dichte eröffnen allerdings echte Möglichkeiten. Ich als New Yorker blicke etwa wehmütig nach Barcelona und dessen autofreie „Superblocks": Der Verkehr fließt auf den großen Adern, während die kleineren Straßen dazwischen für die Menschen reserviert sind. Auch Berlin, Wien und Zürich sind beim Nahverkehr und der Verkehrsplanung trotz aller Probleme globale Vorbilder: Das in Österreich geplante „1-2-3-Ticket" – 1 Euro pro Tag, um alle öffentlichen Verkehrsmittel im eigenen Bundesland nutzen zu können, 2 Euro für zwei Bundesländer und 3 Euro für das ganze Land – ist dabei ebenso lobend zu erwähnen wie der Dreißig- oder gar 15-Minuten-Takt der Schweizer Bahn und sämtliche weiteren Maßnahmen, die Menschen gegenüber Autos bevorzugen.

Doch Verkehr ist nicht alles: Die Reduktion von CO_2-Emissionen muss viel weiter gehen, als Radwege auszubauen. Möglichkeiten gibt es genug: von intelligenten Flächennutzungsplänen und Bauordnungen bis zu gänzlich neuen Geschäftsmodellen, in denen Vermieter finanzielle Vorteile genießen, wenn sie ihren Mietern effizientere Haushaltsgeräte zur Verfügung stellen. Wie immer hängt vieles von der Politik ab: Neben Wohnbauförderung plus Pendler- oder Kilometerpauschale gibt es auch Wohnungsförderung plus subventionierten städtischen Nahverkehr.

Vieles andere ist aber von Politik relativ unabhängig: Es geht ebenso um die persönliche Einstellung, um Umstellung, um Umdenken, um Potenziale. Es geht um Familie, um Zeit. Es geht um den Sonntagnachmittag genauso wie um den Montagmorgen. Es geht vor allem um die Zukunft: jene von Stadt, von Land und von Klima.

Dieses Buch ist mein persönlicher Versuch, das Thema aus den verschiedensten Perspektiven zu beleuchten. Ich begann daran zu arbeiten, als ich mit meiner Frau und unseren beiden kleinen Kindern per Fahrrad, Bahn und Schiff von Cambridge, Massachusetts, nach New York City zog. Die Frage, die dabei für mich im Mittelpunkt stand, lautete: Warum? Nicht bezogen auf den Umzug selbst, denn den hatten wir wie einen Urlaub geplant. Das „Warum?" bezog sich auf unser Ziel: Wir hatten soeben unser erstes *Family Home* gekauft – ein neues Zuhause für unsere Familie. Allerdings war es kein „Einfamilienhaus". Die Größe: 70 Quadratmeter.

Das ist klein, selbst für New York. Für eine vierköpfige amerikanische Familie ist es winzig. Das gab uns fast jeder auf seine Weise zu verstehen: der Blick der auf Stadtwohnungen spezialisierten Wohnungsmaklerin, die sichtlich noch nie mit Kindern zu tun hatte; der Kommentar der Bankangestellten, die unsere Wohnung wiederholt als *Starter Home* beschrieb, als „Einsteiger-Eigentum". (Beiden schien unsere Wahl freilich mehr als gelegen zu kommen: Sie empfahlen sich sofort für unsere vermeintlich unausweichliche Wohnungssuche drei Jahre später, wenn es dann „weiterginge". Das machen Jungfamilien mit ihren Einsteiger-Eigentümern doch so.)

Dass unsere eigene Wohnungssuche nicht der Norm entsprach, bestätigte uns auch die neue Lokalzeitung. Die *New York*

Times verewigte unsere Wohnungssuche in einem Artikel nach dem Motto: „Effiziente vierköpfige Familie sucht Wohnung mit wenigen Wänden mitten in Manhattan.“[7] Tatsächlich: Unsere Wohnung hat keine Innenwände, vom Badezimmer mal abgesehen. Das Wort „effizient“ kam in dem Artikel ganze drei Mal vor – nicht zwingend als Kompliment gemeint.

Wir haben freilich keinen Grund, uns zu beschweren. Ganz im Gegenteil: Wir halten die Größe unserer Wohnung für nahezu perfekt. Verbunden mit der Lage könnten die 70 Quadratmeter nicht idealer sein. Gleichzeitig fragen wir uns: Warum sehen das im Allgemeinen die wenigsten so?

Weder amerikanische noch europäische Durchschnittsfamilien wohnen so, wo und wie wir es tun. Familien gibt es in unserer unmittelbaren Nachbarschaft kaum: Ich kann die Nachbarskinder an zwei Händen abzählen – zumindest jene, die so wie wir leben. Denn Millionärs- oder gar Milliardärsfamilien gibt es hier ebenso, in New York City mehr als in jeder anderen Stadt. Die logieren im dreistöckigen Penthouse und schweben gleichsam über dem Rest der Stadt, mit der sie kaum jemals persönlich in Kontakt kommen.

Die ärmsten New Yorker – jene, die sich nicht unbedingt aussuchen können, was sie ihr Zuhause nennen – wohnen auch in Kleinstwohnungen, aus denen viele gerne entkommen würden. Viele leben in Schlafstädten innerhalb der Stadt. Jemand, der die Wahl hat, entscheidet sich anders.

Viele kleinere und größere Familien auf allen Kontinenten – von Shanghai bis Tokio, von São Paulo bis hin zur kleinen Stadtwohnung im niederösterreichischen Amstetten – können von 70 Quadratmetern nur träumen. Von jener Milliarde Menschen, die in den urbanen Slums wohnen, ganz abgesehen. Doch genau darum geht es: um den Traum von „mehr“.

Es gibt immer wieder irgendwo auf der Welt das Beispiel eines höchst effizient lebenden Designerpärchens mit Kleinstwohnung, das seine treue Anhängerschaft auf Instagram an seinem Alltag teilhaben lässt – hypermodernes skandinavisches Design inklusive. Designbücher, die das „einfache Leben" im „kompakten Zuhause", die „Sehnsucht nach weniger" und den „Minimalismus" preisen, gibt es zur Genüge. Und es gibt den Internetmillionär, dessen neues Statussymbol das Mikrohaus ist – die Trendikone in der kargen Wohnung. Exzentriker leben so, Familien kaum.

Bei Familien ist allzu oft von „Kompromiss" die Rede: vom Leben auf eng(st)em Raum als notwendigem Ausgleich, um andere Prioritäten setzen zu können. „Effizienz" ist dabei oft nur der Versuch, einen schöneren Begriff für „Kompromiss" zu finden. Das eigentliche Ziel ist Effizienz dabei selten. Vielleicht wird sie das am Lebensabend, in der Pension, wenn die Kinder groß geworden sind und das Haus verlassen haben. Doch warum so lange warten?

Warum sich nicht bewusst *für* das effiziente Stadtleben entscheiden: als ideal für das tägliche Leben, für die persönliche Balance, für die Familie, für das eigene Wohnklima – und, ja, auch für das Weltklima?

Von Stadt zu *Stadt*

Wir nennen unsere Wohnung den *Great Room*. Für einen einzelnen Raum sind die Ausmaße beachtlich: Die Decke ist bis zu vier Meter hoch. Das Klavier ist elektronisch, die Kaffeemühle für die Zubereitung des Morgenkaffees, während die Kinder noch schlafen, funktioniert manuell. Meine Arbeit an diesem Buch (und jede andere konzentrierte Tätigkeit) verdanke ich den Audioingenieuren der Firma Sennheiser, deren geräuschreduzierende Kopfhörer ich zwei Straßen weiter gekauft habe.

Ansonsten ist hier alles „gleich um die Ecke". Das Lebensmittelgeschäft: zwei Straßen in die eine Richtung. Das Schwimmbad:

am Weg zum Lebensmittelgeschäft. Die öffentliche Bücherei: zwei Straßen in die andere Richtung, am Weg zu unserem Lieblingsbuchladen, der sich eine Straße weiter befindet. Ich sitze am Schreibtisch – dem einzigen Schreibtisch in unserer Wohnung, versteht sich – und kann aus dem Fenster gleichzeitig auf das katholische Eventzentrum von New York und auf die örtliche Abtreibungsklinik blicken: Die beiden teilen sich eine Außenwand. Über Effizienz und Diversität im Abstrakten zu referieren, ist das eine. Beide täglich zu leben, ist noch mal etwas ganz anderes.

Jede Stadt hat ihre Besonderheiten. New York ist in manchen Bereichen sicher einzigartig. Dennoch gilt: Stadt ist Stadt. New York hat etwa mit Berlin viel mehr gemeinsam als mit einer geografisch viel näher gelegenen Gemeinde oder Kleinstadt im ländlichen Bundesstaat New York. Dasselbe gilt für Berlin und Wien, verglichen mit jeder kleinen Gemeinde in Brandenburg oder im Burgenland. Stadt ist Stadt – fast egal, wo auf der Welt: Städte gleichen sich auf entscheidende Weise. Die jeweiligen ländlichen Regionen, die sie umgeben, tun es ebenso. Warum das so ist – und warum das für das Klima von enormer Bedeutung ist –, darum geht es in diesem Buch.

***

Ich kann mich noch gut an ein Gespräch mit meinem Opa erinnern, damals, im Garten in Amstetten. Es war den ganzen Tag über schon nebelig gewesen: Tiefdruck. In Peking, Delhi, Lagos, Mexiko-Stadt oder Los Angeles steigen die Ozonwerte bei solchen Wetterbedingungen in gefährliche Bereiche – Großstädte und ihre Verschmutzung.[8] Plötzlich stank es auch hier. Nicht etwa nach Rauch und Ruß von der Heizung des Nachbarn. Viel stärker. Meine Augen begannen zu tränen.

„Oh ja, das ist die Vöest", sagte Opa. Er meinte damit Österreichs größtes Stahlwerk, fünfzig Kilometer weiter westlich, im oberösterreichischen Linz, gelegen: „Die Vöest putzt ihre Hochöfen." Ob es wirklich die Vöest war oder vielleicht auch eine der vielen anderen Fabriken, die es in und rund um Amstetten – am „Land" – gab, weiß ich zwar bis heute nicht. So viel aber zum oft geäußerten Vorurteil, dass nur Großstädte schmutzig, umwelt- und gesundheitsschädlich seien.

Andererseits kann ich mich auch noch gut an einen der vielen Sonntagsbesuche erinnern: Diesmal waren Cousins meines Vaters, die ihren eigenen Bauernhof bewirtschafteten, bei uns zu Gast. Plötzlich erstarrte der Großcousin, hielt ein paar Sekunden inne und sagte nur: „Bei euch in der Stadt ist es so ruhig. Bei uns am Land fährt immer irgendwo ein Auto vorbei."

Stadt und Land sind eben auch relativ. Neben räumlicher Dichte und technischer Effizienz geht es vor allem um eines: die Lebenseinstellung.

Vor ein paar Jahren, als ich aus den Vereinigten Staaten wieder einmal auf Kurzbesuch zu meinen Eltern nach Österreich kam, habe ich zum ersten Mal in Amstetten ein Brompton-Faltrad gesichtet, am dortigen Bahnhof. Damals war ich selbst mit einem solchen Faltrad einmal wöchentlich zwischen Cambridge und New York unterwegs: mit dem Rad zur Bahn, nach der Zugfahrt wieder weiter per Rad. Von Stadt zu Stadt.

Für die Besitzerin dieses Faltrades ging die Fahrt von Amstetten nach Wien, zur Arbeit. Den Morgencappuccino hatte sie dabei, Laptop und geräuschreduzierende Kopfhörer ebenso. Ihre beiden kurzen Telefongespräche im Zug führte sie auf Deutsch und Englisch. Diese pendelnde Faltradfahrerin, Mitte dreißig, hätte leicht auch ich selbst sein können. Ich wusste nichts über ihre Wohnverhältnisse – ob Haus oder Wohnung, ob 48 oder 78 Quadratmeter oder doch mehr, und ob sie sich diese Quadratmeter mit jemandem teilte, mit Kindern, mit ihren Eltern oder sonst jemandem. Ich hatte keine Ahnung, ob sie mit den 70 Quadratmetern von meiner Familie und mir tauschen würde und ob sie vielleicht doch lieber direkt in Wien, in der Nähe des Arbeits-platzes, leben würde – keine Ahnung also, ob sich die äußeren Symbole auch mit der Einstellung dieser Person deckten. Mein *Stadt*mensch-Radar schlug jedenfalls an.

*Stadt*menschen finden sich überall und in den verschiedens-ten Situationen. Die Einstellung ist etwas Persönliches. Und sie ist flexibel – sie hängt von vielen externen Faktoren ab.

Menschen, die in Städten leben und arbeiten, gibt es viele, wie auch die Daten zur globalen Urbanisierung bestätigen. Doch wie viele davon sind *Stadt*menschen? Die Frage nach dem Warum ist dabei oft entscheidend.

Teil I

WARUM

Von Stelzenhäusern und Passivhausluftschlössern, der wunderbaren Welt der Klimabuchhaltung und unserem Natursch(m)utz

1 Klima

Omas Stelzenhaus

Der Stadtteil SoHo in New York – der Bezirk Soho in London: Die Namen der beiden Viertel mögen verschiedene Ursprünge haben. Doch ähnlicher könnten sich zwei großstädtische Nachbarschaften auf zwei verschiedenen Kontinenten kaum sein. Hier wie dort finden sich zahlreiche Theater, Restaurants, Kopfsteinpflaster. Es sind die urbanen Spielplätze der Reichen und Schönen und jener, die es noch werden wollen. Egal ob Berlin, Barcelona oder Basel: Jede größere Stadt hat eine solche Spielwiese.

Bengaluru, die Zehn-Millionen-Stadt im Süden Indiens, hat sie, Bangkok in Thailand ebenso. In Bangkok findet man sie mitunter entlang der Sukhumvit-Straße. Dort schwebt eine effiziente Einschienenbahn über den Verkehr hinweg. Es gibt Cafés, Millionen-Dollar-Wohnungen, Theater und Restaurants – Stadtleben eben: global, urban, teuer. Bangkoker Jungfamilien sind dort inzwischen rar: Die Aufstiegsorientierten, die gute Jobs, genug Geld und damit auch die Wahl haben, zieht es mittlerweile in die unzähligen auf dem Reißbrett entworfenen *Suburbs*.

Und dann gibt es noch die ländlichen Gegenden Thailands. Dort zieht es kaum jemanden hin – außer vielleicht nach dem Erwerbsleben, in der Pension. Vier Stunden nordöstlich von Bangkok liegt Phimai. Manche Rucksacktouristen kommen hier vorbei, um die historischen Ruinen zu erkunden. Diese sind zwar nicht so bedeutend wie die Tempelanlage Angkor Wat im benachbarten Kambodscha, aber ein Wat, ein buddhistischer Tempel, sind sie allemal.

Fünf Gehminuten vom historischen Tempel entfernt wohnt meine Oma. Also die andere Oma, jene meiner Frau Siri. Wir nennen sie ยาย (*Yai*). Sie ist alt und der Ort klein genug, dass sie in der unmittelbaren Umgebung noch unter ihrem Mädchennamen bekannt ist: *Yu Phimai* – „die in Phimai Ansässige". Vor achtzig Jahren war sie die lokale Schönheitskönigin; mittlerweile ist sie über hundert Jahre alt. Lesen und Schreiben lernte sie nie – Schule hätte nur von der Arbeit am Reisfeld abgelenkt. Das Foto von der Abschlusszeremonie ihrer Enkelin Siri an der Harvard University hängt in ihrem eigenen *Great Room*.

Omas Haus ist alt genug, dass es auf Stelzen steht – mit einem Kanu, das an den Stiegen angebunden auf seinen Einsatz wartet. Das darunterliegende Land wird seit jeher einmal jährlich überflutet. Die Oma kann nur herzlich über die Nachbarhäuser lachen, deren Erdgeschosse jährlich unter Wasser stehen: Warum sollte man sich so ein Haus bauen? Warum nicht mit der Natur, mit dem Klima leben?

Die Fluten sind in den letzten Jahren unberechenbarer, gefährlicher geworden. Und heißer ist es mittlerweile auch. Heiß war es in Thailand schon immer. Aber früher reichte meist die allabendliche Brise zur Abkühlung. Mittlerweile verfügt Omas Haus sowohl über einen Kühlschrank als auch über eine vom Arzt verordnete Klimaanlage.

***

Natur und Klima bedeuten in der Stadt etwas gänzlich anderes als am Land. Einerseits ist das Leben in der Stadt von den täglichen Launen der Natur deutlich stärker abgeschirmt: Zwei der Dachfenster unserer Wohnung in New York öffnen sich automatisch, wenn der CO_2-Gehalt im Innenraum zu hoch steigt. Sie schließen sich automatisch, wenn es zu regnen beginnt. Bei hohem CO_2-Gehalt drinnen und Regen draußen vibriert das Handy: „Fenster öffnen."

Andererseits sind durch den Klimawandel ganze Städte in existenzieller Gefahr. Die jährliche Flut im ländlichen Phimai ist eine Sache – die Vororte der Millionenmetropole Bangkok befinden sich da schon in einer gänzlich anderen Lage. Dort hat zwar selbstverständlich jedes Haus eine Klimaanlage; eine Garage fürs Auto ohnehin. Auf Stelzen baut dort jedoch niemand. Eine Überflutung in Teilen Bangkoks legt wiederum die thailändische Wirtschaft und wichtige Teile der globalen Autozulieferkette und somit die Produktion von Benzinfressern am anderen Ende der Welt lahm. (Klimaschutzironie ist eine ganz eigene Kunstform.)

Rapide ansteigende Meeresspiegel bedeuten für viele Küstenstädte auf der ganzen Erde nichts Gutes. Ein paar einzelne Häuser umzusiedeln, ist schon schwer genug. Doch Städte wie Bangkok oder auch New York auf höherem Niveau wiederaufzubauen, wäre noch mal ein gänzlich anderes Vorhaben. Natürlich wäre New York – oder noch viel dringender etwa Bangkok, Manila oder Miami – nicht die erste Stadt, die die Menschheit aufgrund von Klimawandel aufgeben müsste. Uruk etwa, im heutigen Irak gelegen, hatte vor ungefähr 5000 Jahren über 40.000 Bewohner und war damit die größte Stadt der Welt. Heute ist sie eine archäologische Ausgrabungsstätte in der Wüste.[9] Die Launen von Natur und Mensch sorgten dafür.

Ein großer Unterschied zur heutigen Situation ist freilich der Faktor Zeit: Der Fall von Uruk zog sich über 3000 Jahre hinweg. Viele Teile Bangkoks, Manilas oder Miamis haben hingegen keine hundert Jahre mehr.[10] Der zweite große Unterschied: Eigentlich wissen wir all das schon jetzt. Ungewissheiten gibt es zwar genug, doch selbst die optimistischsten Prognosen sind schlimm genug.

Dabei geht es mittlerweile nicht mehr „nur" um Prognosen. New York etwa gehört seit Kurzem nicht mehr zur Kontinentalklimazone, sondern zur humiden subtropischen. Das bedeutet: wärmere Winter, heißere Sommer – mit sintflutartigen nachmittäglichen Wolkenbrüchen.[11] Sowohl Hitzetage als auch Tropennächte nehmen auch in Berlin von Jahr zu Jahr zu. Es ist abzusehen, dass das, was wir heute als „Mittelmeerklima" bezeichnen, künftig in Norddeutschland Normalität sein wird. Dabei ist am Klimawandel eigentlich nichts „normal".

Trotzdem wird mehr und mehr gebaut, überall – meist ohne Stelzen. Banken und Versicherungsgesellschaften beziehen Prognosen hinsichtlich der steigenden Meeresspiegel und immer stärkeren Überflutungen inzwischen zusehends in ihre Entscheidungen ein. Ein Baukredit mit dreißig Jahren Laufzeit bedeutet, dass der Bank noch bis Mitte des Jahrhunderts Teile des Hauses gehören werden. Banken und Versicherungen werden als eine der Ersten zu spüren bekommen, wenn die hundertjährige Überschwemmung alle paar Jahre auftritt. Versicherungsprämien schnellen entsprechend in die Höhe – oder die Versicherungspolice wird in gewissen Gegenden einfach gar nicht mehr angeboten.

Dennoch subventioniert staatliche Politik solche Bauten an gefährdeten Standorten oft immer noch. Das gilt für Überflutungszonen von Donau und Elbe ebenso wie für Küstenstädte von Bangkok bis Miami und New York.

Klimamoral

Wo sollen wir leben? Und wie? Und warum genau dort?

Der Klimawandel betrifft alle und alles, und er sorgt dafür, dass jeder noch so „unberührte" Teil der Welt alles andere als unberührt bleibt. Der Autor und Umweltaktivist Bill McKibben rief bereits 1989 das „Ende der Natur" („The End of Nature") aus.[12] Getrennt vom Menschen existierende Natur – an die sich der Mensch ungefragt anpasst, indem er sich ihr etwa im Stelzenhaus geradezu unterwirft – gibt es schon lange nicht mehr. Natur wird reguliert, kontrolliert, an den Menschen angepasst. Die Natur gänzlich den städtischen Betonwüsten unterzuordnen, ist der größte Einschnitt überhaupt.

Die einzige moralisch richtige Konsequenz also: am Land leben? Vielleicht. Am Land – und vom Land – zu leben, mag moralisch richtig sein. Allerdings tun das die wenigsten. Das mag auch vollkommen in Ordnung sein – Moral war noch nie ein Massenphänomen. Reine Theorie sollte die Moral natürlich auch nicht bleiben. Es geht hier nicht um den ambitionierten Asketen, der seine Tage am liebsten im Kloster verbringt. Es geht um Familie. Es geht um Alltag, um Arbeit, um Leben. Dabei ist klar, dass die wenigsten *am* Land auch *vom* Land leben. (Jene, die an den abgelegensten Orten wohnen, verlassen sich allzu oft auf die modernsten Technologien. Wenn das Telefonnetzwerk nicht reicht, braucht man schließlich das eigene Satellitentelefon.)

Doch auch die Stadt besteht den Klimamoraltest: Das Leben ist kompakt. Die Wohnungen und Büros sind verhältnismäßig klein. Die meisten Produkte und Waren werden zwar importiert – vom umliegenden Land oder von noch weiter her –, dafür spielt sich das tägliche Leben oft im 15-Minuten-Radius ab. Rad, Bahn, Bus und Fußwege dominieren die Mobilität, Autos gibt es weniger, im Privatleben oft gar keine.

Damit sind bereits wichtige Faktoren angedeutet: die Größe der Wohnfläche etwa, und wie effizient es jeweils ist, die städtischen 70 Quadratmeter verglichen mit den ländlichen 140 im Sommer zu kühlen und im Winter zu heizen. Alltagsmobilität und -konsum sind ebenso wichtig: Wer produziert und konsumiert was wie – und warum? Steigt der Konsum, weil es das Leben da wie dort verlangt? (Schließlich kommt man am Land nicht ohne Auto aus.) Oder ist dies vor allem mit gesellschaftlichen Normen und Erwartungen verbunden? (Vielleicht gäbe es einen besseren Weg, aber „das macht man eben hier so": es „war immer schon so".) Welche dieser Faktoren den entscheidenden Unterschied machen, werden wir in diesem Buch schrittweise eruieren.

So viel schon jetzt: Wenn ich „Stadt" sage, dann meine ich es so: die Stadt. Nicht *Suburbs*, wo – ganz egal ob in Nordamerika, Europa oder anderswo auf der Welt – die wahren Klimasünder wohnen, mit großen Häusern, großen Autos, doppelt so viel CO_2-Ausstoß wie überall anders.[13]

Suburbs sind also schlecht, Stadt und Land gut – Ende des Kapitels?

Nicht ganz. Denn zunächst wirft diese Diagnose mehr Fragen auf, als sie beantwortet: *Suburbia* als Klimasünder abzutun, ist das eine – aber was bedeutet es in Sachen Klimapolitik? Was kann ich persönlich beitragen, um die Situation zu verbessern? Was soll ich tun? Und die entscheidende Frage: Welche Faktoren machen den Unterschied?

Klimabuchhaltung

All diese Fragen führen uns in die wundervolle Welt der Klima-buchhaltung. Meine Einführung in dieses Feld erhielt ich 1998, als 18-Jähriger, in meiner allerersten Woche an der Uni.

Manche Professorinnen und Professoren arbeiten allein: ein Block Papier, ein scharf gespitzter Bleistift, ein Computer, ein paar Ideen, die es zu verfeinern gilt. Theorie. Andere wiederum arbeiten am liebsten im Labor. Ideen sind auch dort die Grund-lage – aber am Ende geht es darum, sie umzusetzen. Weiße Mäntel, Pipetten und mysteriöse Flüssigkeiten gibt es in den Labors der Ökonomen kaum. Für uns bedeutet Labor zumeist: eine große Gruppe an Studentinnen und Studenten, die an Datensätzen tüfteln. Je mehr Gehirnzellen und Schweißperlen sich rund um einen Datensatz versammeln, desto größer ist die Chance, dass am Ende etwas Revolutionäres herauskommt.

Auch Dale Jorgenson hatte so ein Labor. Der 1933 geborene Wirtschaftswissenschaftler hatte es schon seit Jahrzehnten betrieben, wie unter anderem die Türme von Magnetstreifen bewiesen, die neben meinem Schreibtisch aufgestapelt waren. In unserem Büro wurde gemunkelt, dass auf einem dieser Magnetstreifen der Prototyp für das Konzept des amerikanischen Bruttoinlandsprodukts gespeichert war. Einer meiner zahlreichen Vorgänger im Labor hatte die ehrenvolle Aufgabe erhalten, alle Daten von diesen Magnetstreifen auf Disketten zu übertragen.

Jorgenson selbst hatte einst für Wassily Leontief gearbeitet. Dieser hatte 1973 für seine Input-Output-Analysen, welche ein wichtiger Bestandteil der volkswirtschaftlichen Gesamtrechnung sind, den Nobelpreis erhalten. Jorgenson ist viel mehr als „nur" ein Buchhalter, doch Zahlen und Fakten sind sein Leben. Er ist politisch konservativ, aber nimmt dennoch – oder vielleicht gerade deshalb – den Klimawandel seit jeher äußerst ernst. Seine Aufgabe für mich lautete: Bäume zählen.

Die amerikanische Akademie der Wissenschaften arbeitete damals an einer Studie zum Thema „Nature's Numbers" („Die Zahlen der Natur").[14] Der Anhang dieser Studie schlug vor, die Theorie anhand des denkbar einfachsten Beispiels in die Praxis umzusetzen, nämlich: die Baumbestände der Vereinigten Staaten in die volkswirtschaftliche Gesamtrechnung miteinzubeziehen.

Ich ging das Thema im Sommer 1999 an und ließ es erst 2002 wieder los, als ich meine Diplomarbeit abgab.[15] Der unterhaltsamste Teil meiner Arbeit dazu war, fünfzig bundesstaatliche Forstverwaltungen anzuschreiben, deren oft noch per Schreibmaschine verfasste Berichte der letzten Jahrzehnte zu sammeln – und dann alle Werte in den Computer einzutippen. (Ja, meine College-Erfahrung war äußerst typisch: Meine Freundin Siri, mit der ich seit 2002 verheiratet bin, gab mir als allererstes Weihnachtsgeschenk ein 200-seitiges Kompendium der Vereinten Nationen zum Thema „Integrierte Umwelt- und volkswirtschaftliche Gesamtrechnung".[16])

Eine der Erkenntnisse meiner Diplomarbeit lautete: In Amerika wuchsen die Baumbestände in der zweiten Hälfte des 20. Jahrhunderts Jahr für Jahr nach. Die Gründe dafür: Einerseits zogen mehr und mehr Amerikaner in die Städte, andererseits verlagerte sich die Landwirtschaft von kleinen Höfen im Nordosten des Landes auf riesige Betriebe im Mittleren Westen. Das führte zu massiver Aufforstung, vor allem im Nordosten des Landes.[17]

Doch meine noch wichtigere, viel grundlegendere Einsicht war: Nur das, was man beziffern kann, zählt auch. Dabei sind sowohl die praktischen Details – die Buchhaltung – als auch die graue Theorie entscheidend.

***

Ich bezifferte damals den Wert aller amerikanischen Bäume auf rund 100 Milliarden US-Dollar; in heutigen Dollar wäre das etwa doppelt so viel. Damit hatte ich aber ausschließlich den Wert des Holzes selbst berechnet.

Bäume haben freilich einen immanenten Wert, der weit über den rein kommerziellen Messwert des Holzes hinausgeht. Ein einziger Baum, auf den ich von meinem Fenster aus blicken kann, macht unsere Stadtwohnung deutlich lebenswerter: Das Haus wird dadurch insgesamt schöner, das Straßenbild angenehmer. Entsprechend positiv wirkt sich der Baum auf den Marktwert unserer Wohnung aus. Trotzdem wird diese Wertschöpfung in unseren offiziellen volkswirtschaftlichen Statistiken nicht dem Baum zugeschrieben.

Dann gibt es auch unzählige ökologische Funktionen von Bäumen, die meine rudimentären Berechnungen nicht miteinbezogen haben. Deren Wert lässt sich nur schwer beziffern: Ein Jahr vor meinem ersten Treffen mit Professor Jorgenson war eine prominente Studie in der Fachzeitschrift *Nature* erschienen, die den Wert aller weltweiten „Serviceleistungen", die natürliche Ökosysteme für die Erde erbringen, auf durchschnittlich 33 Billionen (!) Dollar im

Jahr bezifferte.[18] Dieser Wert war beinahe doppelt so hoch wie das damalige globale jährliche Wirtschaftsaufkommen von 18 Billionen Dollar. (Beide wären auch in heutigen Dollar etwa doppelt so hoch.)

Die zentrale Botschaft dabei war: Natur ist wertvoll. Das ist sie – doch die *Nature*-Studie wurde von vielen Seiten zurecht herb kritisiert. Denn am Ende sind diese 33 Billionen Dollar immer noch eine äußerst grobe Unterschätzung der Unendlichkeit: Die Menschheit würde ganz ohne Bäume nicht überleben können. Der allerletzte Baum müsste demnach unendlich viel wert sein. Und was für den allerletzten Baum gilt, das gilt gleichermaßen für den letzten Tropfen sauberen Wassers, den letzten Grashalm, die letzte Biene.

Diese Logik mag makaber erscheinen, aber sie bringt das Wesentliche auf den Punkt: Bei der Ermittlung solcher Werte kann es nicht um den Gesamtwert gehen. Die wirkliche Frage ist jene nach dem *marginalen* Wert, also: Wie viel ist der *erste* gefällte Baum wert, nicht der letzte?

Im Rahmen meiner Diplomarbeit war es gerade noch in Ordnung, den Wert aller Bäume in einem einzelnen Land – selbst einem so großen wie den Vereinigten Staaten – zu berechnen. Doch den Wert aller Bäume weltweit zu berechnen, wäre absurd. Wir kennen ihn bereits: unendlich.

Dieselbe Logik deutet auch auf den entscheidenden Unterschied zwischen dem ersten Schritt in eine gewisse Richtung und dem durchschnittlichen Schritt hin: Wenn der allerletzte Baum unendlich viel wert ist, dann ist es streng genommen der durchschnittliche ebenso. Denn unendlich dividiert durch jede noch so große Zahl ist immer noch: unendlich. Die wichtigste Frage lautet daher: Wie viel ist der nächste Baum wert; der erste, der gefällt wird?

Von dieser Schlussfolgerung erzählte mir Professor Jorgenson im September 1998 in seinem Büro freilich nichts. Er verwies mich nur auf die *Nature*-Studie – und ließ mich Kritik und Logik alleine herausfinden. Ein guter Lehrer eben. Die gleichen Einsichten, die ich damals machen durfte, sind auch für uns hier unumgänglich.

Potenzial für: mehr

Umgelegt auf den Klimaschutz bezieht sich die Frage nicht auf den durchschnittlichen Bewohner von Stadt, *Suburbia* oder Land. Die eigentliche Frage lautet: Welchen konkreten Beitrag leistet die nächste Person, der nächste Haushalt zu Klima*schmutz* und Klima*schutz*?

Denn der Durchschnitt ist bekannt: Die CO_2-Emissionen sind am Land und in der Stadt etwa gleich hoch, in *Suburbia* aber betragen sie das Doppelte. Ebenso bekannt ist, dass die CO_2-Emissionen da wie dort drastisch sinken müssen. Es geht also nicht nur um das Jetzt – es geht um die Zukunft; um Möglichkeiten, das Potenzial, CO_2-Emissionen noch viel stärker zu reduzieren.

Die Durchschnittsfamilie lebt in einem Durchschnittshaus. Sie fährt ein Durchschnittsauto (zumindest am Land und in *Suburbia* – in der echten Stadt fährt sie durchschnittlich keines). Sie ernährt sich durchschnittlich. Ihre Reisen sind Durchschnitt.

Die wirkliche Klimafrage bezieht sich jedoch auf die *marginale*, die *nächste*, die *erste* Familie – und auf deren Potenzial, mehr beizutragen: Lebt diese Familie im Alt- oder Neubau? Fährt sie ein Benzin- oder Elektroauto oder gar keines? Auf wie vielen Quadratmetern lebt sie? Ließen sich diese Quadratmeter besser isolieren, energieeffizienter versorgen? Lässt sich das Leben insgesamt noch effizienter gestalten? Welcher Anreize bedarf es, genau so zu handeln? Und schlussendlich auch: Wie wird die Wahl des Lebensortes die Familie selbst verändern? Was bedeutet es für die Weltoffenheit der Kinder, wenn die Familie inmitten einer diversen Stadt dem Anderen täglich begegnet? Für welche Politik werden diese Kinder – und natürlich auch jetzt schon die Eltern – stimmen?

Die Antwort, wo diese nächste Familie wohnen sollte, könnte nicht eindeutiger ausfallen: in der Stadt! Stadt ist, wo das Leben reichhaltig *und* effizient ist, erfüllend *und* CO_2-arm. Stadt ist auch, wo das Potenzial für „mehr" steckt. Stadt ist, wo relativ kleine Schritte große Unterschiede machen können – wo es möglich ist, mit einer strategisch klug eingerichteten Buslinie, mit einem Radweg, mit einer umgestalteten Straße die CO_2-Emissionen merkbar fast über Nacht zu reduzieren.

Egal, um welche Stadt es dabei geht: Wenn eine vormals vierspurige Autostraße in einen geschützten, vollwertigen Radweg, eine eigene Busspur und zwei verbleibende Autospuren umgewandelt wird, dann multiplizieren sich die Radfahrer und jene, die den Bus bevorzugen, ganz von selbst – und zwar innerhalb von Tagen und Wochen. Wenn die Stadt immer schon verschiedene Möglichkeiten bot, um von A nach B zu kommen, dann fällt der Umstieg von einer Option zur anderen leicht.

Wenn es hingegen immer schon nur eine einzige Option gab, um von C nach D zu kommen – das eigene Auto etwa –, dann wird der Umstieg um ein Vielfaches schwieriger. Und noch schwieriger wird es, wenn Klimaschutz einen noch viel größeren Schritt erfordert – einen Umzug etwa.

★★★

Eine der größten Klimasünden überhaupt sind demnach kostenlose (oder zumindest sehr günstige) Parkplätze:[19] Wenn ich weiß, dass ich in der Stadt meine ganz persönliche Tonne Stahl gratis parken darf, dann werde ich das auch tun. Das bedeutet mitunter, dass der Umzug in ein Haus im „Grünen" plötzlich um ein Vielfaches leichter fällt – ich könnte ja immer mit dem Auto zurück in die Stadt fahren. Sobald ich dann in diesem Haus in einem fernen Vorort wohne, bin ich für geraume Zeit auf das Auto angewiesen.

Technisch gesehen handelt es sich dabei um den *Lock-in*-Effekt: Die Wechselkosten und sonstigen -barrieren sind so hoch, dass ein solcher Wechsel – weg vom Auto etwa – kaum noch möglich ist. Aus dem fernen Vorort oder vom Land kommt man schließlich ohne Auto nur schlecht in die Stadt. Selbst jene, die grundsätzlich die Möglichkeit haben, etwa mit dem Zug zur Arbeit zu fahren, brauchen immer noch irgendwo Zugang zu einem Auto; man weiß ja nie. Je mehr Menschen nun an diese Orte ziehen – im Wissen, dass sie fast täglich mit dem Auto zur Arbeit zurück in die Stadt fahren werden –, desto mehr dieser Fahrten sind *locked-in*, das heißt: Alternativen zur Autofahrt gibt es nicht mehr.

Je größer der *Lock-in*, desto schwieriger wird es auch, intelligente Klimapolitik zu betreiben – und etwa Gratisparkplätze abzuschaffen. Die unmittelbare Reaktion auf eine solche Maßnahme ist ein Aufschrei: „Die armen Pendler! Sie müssen jetzt plötzlich mehr bezahlen!" Solche Debatten gibt es fast überall auf der Welt. Stadtpolitiker sind meist für, Vorstädter, Autofahrerklubs, die Automobilindustrie und ähnliche Interessengruppen gegen die Abschaffung billiger Parkmöglichkeiten. Und was für Parkplätze gilt, das gilt auch für viele andere Infrastrukturinvestitionen, die es jenen aus *Suburbia* leichter machen, in die Stadt zu kommen – von breiteren Straßen bis hin zur Grünphase für die Durchzugsstraße, während die lokalen Schulkinder länger warten müssen.

All das bedeutet, dass Klimapolitik nicht *nur* aus CO_2-Bepreisung bestehen kann, einer Verteuerung der CO_2-Emissionen oder der städtischen Parkplätze. Das *auch* – allerdings stellt der *Lock-in*-Effekt sicher, dass eine solche Verteuerung zunächst hauptsächlich zu höheren Kosten für Autofahrer führt, ohne noch einen entsprechenden Unterschied in Sachen Emissionen zu bewirken. Es gibt auf kurzfristige Sicht keine Alternativen. Der einzige Unterschied ist vielleicht ein Aufkleber am Auto, um meinem Unmut gegen die neue politische Maßnahme Ausdruck zu verleihen. Die CO_2-Emissionen würden aber – zumindest kurzfristig – kaum sinken.

Mittelfristig kaufe ich mir vielleicht ein sparsameres Auto, oder auch gleich ein Elektroauto, weil es dafür eine Befreiung von der Parkgebühr gibt, um ebendiese Anreize zu schaffen. Vielleicht kann ich meinen Arbeitgeber auch dazu bewegen, dass ich öfter von zu Hause aus arbeiten darf. Die CO_2-Emissionen sinken nun, allerdings gibt es auch hier Limits: Der *Lock-in*-Effekt besteht teils immer noch.

Erst langfristig machen die CO_2-Steuer oder die neue Parkgebühr einen echten Unterschied: wenn nämlich Familien aus dem Vorort und vom Land wieder ans Übersiedeln denken.

Der wichtigste Schritt überhaupt: diesen *Lock-in* von vornherein zu vermeiden – erst gar nicht aus der Stadt wegzuziehen.

Deshalb geht es bei Klimapolitik neben einer CO_2-Steuer einerseits auch um direkte Steuerung – um Verkehrs- und Regionalpolitik, um Stadtplanung – und andererseits vor allem um Investition: Es geht darum, Alternativen zur derzeitigen CO_2-intensiven Lebensweise zu schaffen. Es geht darum, Menschen dabei zu helfen, ihren derzeitigen *Lock-ins* zu entkommen und sie erst gar nicht so zu schaffen. Oft ist es genau der Mangel an einfachen Alternativen, der Klimapolitik so schwierig macht: Denn kaum jemand gibt an der Wahlurne seine Stimme für jene Politik, die einem das eigene Leben schwerer macht. Es geht um Alternativen – billigere und bessere Alternativen.[20]

Lock-ins gibt es überall – auch in der Stadt. Allerdings sind es hier deutlich weniger: Stadt ist flexibel. In der Stadt ist es viel einfacher, eine alternative Route von A nach B zu finden. Die Stadt ist schon jetzt effizient und klimafreundlich. Und sie birgt auch Potenzial für mehr. Das ist vor allem bei einer der wichtigsten Klimafragen überhaupt der Fall, wo menschliches Leid durch Klimawandel auf menschliches Leid durch Armut stößt.

Klima und Entwicklung

Zwei der wichtigsten Fragen rund um den Klimaschutz lauten: Wer ist für die CO_2-Emissionen letztlich verantwortlich – der Produzent oder der Konsument? Und *wer* sollte *was wann* tun? Um selbst tiefere Einblicke in die erste dieser beiden Fragen zu erhalten, waren drei weitere Jahre meines Forscherlebens nötig. Die zweite Frage ist eine Aufgabe für viele Lebenszeiten.

Der Ökonom Simon Kuznets war ein Wegbegleiter von Wassily Leontief. Ebenso wie Leontief und Jorgenson war er Professor an der Harvard University, und er war es, der Anfang der 1930er-Jahre die ersten volkswirtschaftlichen Gesamtrechnungen der Vereinigten Staaten und somit das Bruttoinlandprodukt des Landes, das BIP, erstellte. Seine Berechnungen halfen der amerikanischen Regierung dabei, das Land aus der „Großen Depression", der schweren Wirtschaftskrise der Dreißigerjahre, zu steuern. Er erhielt dafür 1971 den Nobelpreis.

In Umweltkreisen – mit denen er an sich kaum direkte Berührungspunkte hatte – ist Kuznets auch für eine andere „Erfindung" bekannt. Er hatte einst beobachtet, dass Ungleichheit im Zuge der wirtschaftlichen Entwicklung einem umgedrehten „U" entspricht: Am Anfang, wenn alle gleich arm sind, ist die Ungleichheit niedrig. Im Zuge der ökonomischen Entwicklung steigt auch die Ungleichheit: Die Reichen werden zusehends reicher, während

andere zurückfallen; die Einkommensschere klafft auseinander –
bis die Politik interveniert. In vielen der reichsten Länder schließt
sich die Einkommensschere dann wieder, meist durch progressive
Steuern. Kuznets stellte diese Beobachtung Mitte der 1950er-Jahre
an.[21] Das umgedrehte U wurde als „Kuznets-Kurve" bekannt.

Die „Umwelt-Kuznets-Kurve" ist ebendiese Beobachtung
umgelegt auf Luft-, Wasser- und andere Umweltverschmutzun-
gen.[22] Geringe Entwicklung bedeutet demnach: wenig Verschmutzung. Schnell wachsende Länder werden auch entsprechend
stärker verschmutzt, bis in mehr oder weniger reichen Ländern
die Umweltverschmutzung wieder zurückgeht: Benzin wird
bleifrei, saurer Regen wird in die Geschichtsbücher verbannt, das
Trinkwasser wird wieder trinkbar.

Die wichtigste Beobachtung – bei den Einkommensunterschieden wie auch bei der Umweltverschmutzung – lautet: Weder das eine noch das andere wird einfach automatisch besser. *Laissez-faire* mag zwar einen schönen sprachlichen Klang haben, doch in der Realität ist *Laissez-faire*-Kapitalismus ein sicheres Rezept für mehr ökonomische Ungleichheit *und* mehr Umweltverschmutzung.[23]

Denn fast jeder der bisher erreichten umweltpolitischen Erfolge
beruht genau darauf: auf Umweltpolitik. Mittelalterliche Kathe-
dralen schmelzen nur deshalb nicht mehr im sauren Regen
dahin, weil es Luftreinhaltegesetze gibt, die das auch sicherstel-
len. Und wie man es dreht und wendet: Rauchgasentschwefelung
zur Reinigung von Abgasen kostet Geld – zwar weniger Geld, als
es die Energieindustrie gerne zugibt, aber Geld allemal.[24] Dieses
ist aus gesamtgesellschaftlicher Sicht äußerst gut investiert, aber
Privatunternehmen werden dies nicht von allein tun: Es bedarf

der Politik. Dasselbe gilt für die Verbannung von Blei im Benzin und sonstige Umweltauflagen, Gesetze und Regulierungen. Für den Klimaschutz gilt es ebenso.

Es stellt sich nun die Frage: Gibt es diese Umwelt-Kuznets-Kurve auch für das Klima? Die ärmsten Länder der Welt haben kaum CO_2-Emissionen. Je reicher diese Länder werden, desto höher klettern auch die Emissionen. Die große Frage ist: Was passiert in den reichen Ländern?

Tatsächlich: In reichen Ländern sinken die CO_2-Emissionen wieder. Schweden etwa weist einerseits weniger ökonomische Ungleichheit auf, andererseits sind auch die CO_2-Emissionen seit den 1970er-Jahren gesunken – von jährlich über elf Tonnen CO_2 pro Person auf unter fünf. Deutschland legte einen ähnlichen Weg zurück, auch wenn dort die Emissionen noch über acht Tonnen liegen. Und in den Vereinigten Staaten sind sie heute zwar immer noch ungefähr doppelt so hoch wie in Deutschland, aber auch hier sind sie gesunken – von Höchstwerten um die 22 Tonnen CO_2 pro Person und Jahr Anfang der 1970er-Jahre auf heute rund 16 Tonnen.[25]

Gute Nachrichten also? Nicht ganz: Die CO_2-Emissionen eines bestimmten Landes sind jene, die bei der Produktion von Gütern und Dienstleistungen entstehen. Die große Frage ist: Was ist mit deren Konsum passiert? Entscheidend ist, wie viel CO_2 in all den Produkten und Dienstleistungen enthalten ist, die über nationale Grenzen hinweg reisen: Welthandel eben.

Das alles zu berechnen, mit bilateralen Welthandelsdaten-banken und dem fossilen Energiegehalt dieser Waren und Dienst-leistungen, bestimmte drei Jahre meines Forscherlebens während meines Doktoratsstudiums.[26] Einerseits war das alles trockene Buchhaltung. Andererseits lassen sich erst mithilfe dieser Zahlen andere wichtige Fragen beantworten. Eine davon lautet: Warum existiert diese weltweite Schere zwischen CO_2-Emissionen im Konsum und in der Produktion?

Eine Erklärung wäre: Reichere Länder verwenden neuere, sauberere Technologien, die weniger CO_2-Emissionen verursachen. Gleichzeitig importieren reichere Länder mehr Waren, vornehmlich aus ärmeren Ländern, die mit ihren älteren, schlechteren Technologien höhere CO_2-Emissionen verursachen. Das wäre die hoffnungsvolle Geschichte – hoffnungsvoll deshalb, weil fortschrittliche Technologie die Welt retten würde, sobald sie auch in bislang ärmeren Ländern Einzug hält.

Eine zweite Erklärung klingt jedoch weniger hoffnungsvoll: Es wäre natürlich auch möglich, dass reichere Länder gewisse Produkte gar nicht mehr selbst herstellen, sondern sich stattdessen auf sauberere Wirtschaftssektoren spezialisieren. Die schmutzige Schwerindustrie wandert ab – und ihre Produkte werden einfach importiert. Die reichsten Länder spezialisieren sich auf Dienstleistungen wie Finanz und Tourismus, während der Stahl aus den ärmeren importiert wird.

Welche dieser Erklärungen ist nun die richtige?

Es treffen teils beide Erklärungen zu: Reiche Länder importieren ihre CO_2-Emissionen zusehends. Deutschland zum Beispiel ist in Summe ein Netto-Exporteur von Waren und Dienstleistungen, aber ein Importeur von CO_2-Emissionen. Dasselbe gilt für Österreich, die Schweiz und viele andere reiche Länder. Die Vereinigten Staaten sind überhaupt Importchampion bei den CO_2-Emissionen: China exportiert die meisten CO_2-Emissionen, die Vereinigten Staaten importieren die meisten.

Dabei letztgültig und im Detail zu bestimmen, welcher Anteil jeweils auf den Stand der Technologie und welcher auf die Zusammenstellung der Produkte entfällt, ist äußerst schwierig. Ich selbst bin daran gescheitert. (Glücklicherweise war meine Buchhaltung alleine engagiert genug, um sie als eine von drei Studien für meine Doktorarbeit einzureichen.) Mein Antwortversuch war, technologische Fortschritte gänzlich auszuklammern und zu beobachten, ob sich die Klima-Kuznets-Kurve immer noch bewahrheiten würde. Sie tat es nicht: Ohne technologischen Fortschritt gibt es auch keine Klima-Kuznets-Kurve mehr. Technologie ist also in jedem Fall ein wichtiger Bestandteil der Geschichte.

Doch wie groß der Einfluss von Technologie wirklich ist, ist weiterhin unklar. Klar ist nur, dass beide genannten Erklärungen eine gewisse Rolle spielen – und dass am Ende der Konsum von CO_2-Emissionen ausschlaggebend ist. Denn ohne Nachfrage kein Angebot: Wenn niemand die CO_2-intensiven Produkte kauft, würde sie auch niemand mehr herstellen.

All dies zeigt unmissverständlich, welche entscheidende Rolle das Einkommen und der Reichtum spielen: Je reicher eine Nation ist, desto höher sind auch die durch den eigenen Konsum verursachten CO_2-Emissionen.

***

Was für Länder gilt, das gilt selbstverständlich auch für Städte: Auch hier ist es wichtig, die gesamten CO_2-Emissionen, die im Konsum enthalten sind, zu betrachten.[27] Und auch hier spielen Einkommen und Reichtum eine große Rolle.

Städte ziehen Reichtum an – beziehungsweise helfen sie, ihn zu erzeugen. Die Region New York etwa, in der „nur" rund zwanzig der insgesamt 330 Millionen Amerikaner leben, ist für fast zehn Prozent des Bruttoinlandsproduktes der Vereinigten Staaten verantwortlich. Für sich alleine genommen wäre es damit die zehntgrößte Wirtschaftsregion der Welt.[28] Kein Wunder also, dass dort auch viele CO_2-Emissionen entstehen.

Allerdings sind es besonders die *Suburbs* von New York, die als große Klimasünder hervorstechen. Die Stadt selbst weist relativ niedrige Emissionen auf – trotz ihres Reichtums.[29] In der Stadt ist das Leben CO_2-effizienter als anderswo.

Dieses Bild wiederholt sich auf der ganzen Welt – und es zeigt, wie wichtig die detaillierte Klimabuchhaltung ist. In europäischen Staaten zum Beispiel haben Großstädter im Schnitt um rund sechs Prozent höhere Einkommen als das jeweilige Umland. Gleichzeitig sind die CO_2-Emissionen in vergleichbaren Haushalten – angepasst ans Einkommen – in der Stadt um sieben Prozent geringer als am Land. In Summe sind die CO_2-Emissionen in der Stadt knapp niedriger als am Land.

Es wäre verlockend, das bereits als Win-win-Situation zu verbuchen: mehr Geld *und* (insgesamt ein bisschen) weniger CO_2! Doch wie wir schon gesehen haben, geht es vor allem um das Potenzial, noch mehr zu erreichen – und zwar viel mehr.

Potenzial für: viel mehr!

Bei der Frage nach dem Potenzial könnte die Antwort nicht klarer ausfallen: Davor strotzen Städte nur so. Das gilt für Mobilität und Verkehr ebenso wie für die Gebäude – von der effizienten Flächennutzung bis zur Isolierung und der effizienten, CO_2-armen Energiezufuhr.

Unsere 70-Quadratmeter-Wohnung liegt im zweiten Stock eines Hauses mit insgesamt sieben Einheiten. Das gesamte Grundstück misst nur etwa 200 Quadratmeter, einschließlich eines kleinen Gartens. Es ist ein relativ kleines Gebäude, errichtet vor fast 200 Jahren. Die Mauern sind entsprechend dick – damals wurden europäische und amerikanische Häuser noch recht ähnlich gebaut. Mittlerweile klaffen die Standards auseinander: effiziente Gebäude fast überall in Europa, während amerikanische Neubauten oft mit papierdünnen Tyvek-Schichten isoliert werden – dasselbe Material, aus dem auch Briefumschläge hergestellt werden.

Es gibt zwar regionale Ausnahmen von der Regel, dass sich Städte überall auf der Welt in dieser Hinsicht ähnlicher sind als der jeweilige Unterschied zwischen Stadt und Land – allerdings in diesem Fall leider nur auf einem einzigen Kontinent, in Europa: In Deutschland etwa werden die Gebäudestandards auf Bundesebene geregelt. Die Vereinigten Staaten dagegen sind sich in dieser Hinsicht alles andere als einig: Neubauten in New York werden noch relativ gut isoliert, sind energieeffizient und erhalten teils sogar Dachbegrünung oder Solaranlagen.[30] Die New Yorker Standards kommen somit jenen in Deutschland – die dort für Stadt *und* Land gelten – recht nahe. Doch der Unterschied zwischen New York mit seinen strikten Regeln und den vielen ländlichen Regionen der Vereinigten Staaten, in denen es kaum solche Gebäudebestimmungen gibt, ist enorm.

Potenzial für mehr gibt es freilich auch in New York. Enormes Potenzial! Unsere eigenen allerersten Investitionen als neue Wohnungsbesitzer waren etwa: Deckenisolierung nach deutschen Passivhausstandards, eine effiziente Wärmepumpe und ein Anruf beim Energieversorgungsunternehmen, um die Gasleitung abzustellen. Der Gasherd schadet in jedem Haus sowohl dem Klima als auch der eigenen Gesundheit.[31] Und in einer 70-Quadratmeter-Wohnung, wo die Distanz zwischen Küche und Kinderbetten weniger als fünf Meter beträgt, wollten wir in dieser Hinsicht lieber erst gar keine Selbstexperimente wagen. Der Induktionsherd ist auch um einiges effizienter.

Mittlerweile besitzen alle unsere sechs Nachbarn ähnlich effiziente Wärmepumpen. Die nächste gemeinsame Investition: eine Außenisolierung für das gesamte Haus.

***

Realistisch betrachtet sind derzeit viele Investitionen dieser Art freiwillige Beiträge. In bessere, hochwertigere Isolierung zu investieren, ist grundsätzlich gut fürs Klima, ebenso für das subjektive Wohngefühl. Doch Letzteres muss einem aktuell noch viel mehr wert sein als rein ökonomische Überlegungen: mehr Architektur- und Lifestyle-Magazin als *Financial Times*.

Denn finanziell gesehen zahlt sich die Investition in die Deckenisolierung oder die bessere Isolierung der Außenwände für uns alleine genommen nicht aus – weder in den Vereinigten Staaten noch in Deutschland. Deshalb müssen politische Maßnahmen gesetzt werden, um die richtigen Anreize zu schaffen: um zu gewährleisten, dass die jeweiligen Investitionen den echten Klimakosten gerecht werden. Eine der wichtigsten Kennzahlen in diesem Zusammenhang ist der echte Preis für CO_2 – also jener Preis, den wir alle bezahlen sollten, nicht der, den wir derzeit bezahlen.

Aktuell zahlen Europäer durch das EU-weite Emissionshandelsgesetz für etwa 50 Prozent ihrer CO_2-Emissionen rund 25 bis 30 Euro pro Tonne. Kalifornier bezahlen für 85 Prozent ihrer Emissionen rund 15 bis 20 Dollar pro Tonne. Das ist zwar besser als nichts, allerdings liegt es weit unter den echten Kosten, die jede Tonne CO_2 verursacht: Diese betragen weit über 100 Dollar (oder Euro – das macht hier aufgrund der großen Bandbreite keinen Unterschied).[32]

Glücklicherweise kommt hier eine weitere Tatsache ins Spiel: Städte fast überall auf der Welt ähneln sich auch hinsichtlich der politischen Einstellung enorm. Jeweils rund 80 Prozent der New Yorker etwa wählten bei der Präsidentschaftswahl 2016 die Demokratin Hillary Clinton und 2020 ihren Parteikollegen Joe Biden.[33] In neun der zehn deutschen Millionenstädte erhielten die Grünen bei der letzten Europawahl die meisten Stimmen. In Frankreich und Großbritannien liegen in den Städten die progressiven Parteien vorne, ebenso in Österreich, und das Bild wiederholt sich in den verschiedensten Ländern.[34]

Städte sind tendenziell liberaler, progressiver, sozialer und globaler ausgerichtet – genau die Einstellung, um die es beim Klimaschutz geht. Das umliegende Land hingegen ist tendenziell konservativ, bodenständig, auf die eigene Nation, die eigene Gruppe, die eigene Familie fokussiert. (Wobei das mit der eigenen

Familie so eine Sache ist: Wenig fördert das Familienleben mehr, als zu viert auf „nur" 70 Quadratmetern zu wohnen. Mehr zur „*Stadt*moral" in Kapitel 8: Moral.)

Der wichtigste Aspekt dabei ist, dass „Stadt" in diesem Sinne wirklich das bedeuten muss: eine echte Stadt. Der verlässlichste Indikator in Sachen CO_2-Emissionen ist die Einwohnerdichte. Je höher die Einwohnerdichte, desto geringer sind die CO_2-Emissionen pro Kopf.[35] Genau darum geht es.

In der echten Stadt zu leben bedeutet, im Alltag weniger CO_2 zu verursachen.

Die Tatsache, dass das Leben in der Stadt auch bereichernd ist – und daher reicher macht –, ist ein zusätzlicher Vorteil. Es geht schließlich darum, *CO₂-ärmer* – und nicht insgesamt ärmer – zu leben.

Ganz im Gegenteil: Klimaschutz bedeutet keineswegs die Wiederkehr des Mittelalters oder des 18. Jahrhunderts, vor der industriellen Revolution. Er bedeutet nicht weniger zu tun – das haben die Corona-„Lockdowns" auf eindrucksvolle Weise gezeigt. Trotz radikalster Maßnahmen sanken globale Emissionen kaum. (Mehr dazu in „Mobilität nach der Pandemie" in Kapitel 7: Mobilität.) Klimaschutz bedeutet ein Mehr an Aktivität, er bedeutet einen Vorstoß neuer Technologien. Das heißt auch, dass der zusätzlich erworbene Reichtum teils dazu verwendet wird, noch CO_2-ärmer, noch technologisch fortschrittlicher zu leben.

Dabei geht es um die grundsätzliche Lebenseinstellung ebenso wie darum, die richtigen politischen Impulse zu setzen – etwa intelligente Stadtplanung und ein Fokus auf städtische Mobilität, um die 15-Minuten-Stadt zur Realität zu machen; jene, wo sich der Alltag, einschließlich Arbeit und Unterhaltung, innerhalb von 15 Gehminuten von zu Hause abspielt. Paris gilt als moderner Pionier dieses Konzepts, das eigentlich für Großstädte, die schon vor der Erfindung des Autos entstanden sind, nicht besonders neu ist. Es beruht auf der Idee von Stadt als Mosaik, bestehend aus einzelnen Nachbarschaften, die wiederum durch den öffentlichen Nahverkehr – oder auch das Fahrrad – direkt miteinander verbunden sind.

Klimaschutz bedeutet zugleich, Mobilität zwischen Stadt und Land zu gewährleisten, um auch hier nicht auf das eigene Auto angewiesen zu sein. Das funktioniert nicht immer ganz so gut, aber bereits jetzt sieht man etwa in München, Wien oder Zürich im Winter häufig Reisende mit Skiausrüstung am Bahnhof, mit der es direkt auf die Piste geht. In Cambridge, Massachusetts, waren wir meist die einzige Familie, die so an fast jedem Winterwochenende per Bahn zum nahe gelegenen Wachusett Mountain fuhr. Auch von New York aus gibt es genug Ski- und Wandermöglichkeiten, die per Bahn oder Bus innerhalb von einer oder zwei Stunden erreichbar sind.

Klimaschutz bedeutet vor allem zu realisieren, dass sowohl Stadt als auch Land den Schlüssel zur Zukunft darstellen: die Stadt als vornehmlicher Wohnort für den Menschen, das Land als vornehmlich der Natur vorbehaltener Bereich (und mit deutlich weniger Menschen). Klimaschutz hängt von der Balance zwischen Stadt und Land ab.

Die Frage des Klimaschutzes mag das ultimative Umweltproblem sein. Doch es ist leider bei Weitem nicht das einzige.

2 Natur

Passivhausluftschlösser

Das erste Szenario für eine nachhaltige Zukunft:

Jeder Haushalt bekommt ein CO_2-neutrales Passivhaus. Dessen perfekt isoliertes Dach beinhaltet eine große Solaranlage, die im Durchschnitt mehr Energie produziert, als das Haus selbst verbraucht. Mit dem Rest wird das Elektroauto in der Garage aufgeladen, dessen Batterie wiederum dem Stromnetz Stabilität verleiht.

Die Toilette recycelt Wasser, die Dusche verbraucht fast keines. (Eine Badewanne gibt es aufgrund des zu hohen Wasserverbrauchs, den sie bedeuten würde, ohnehin nicht.) Das Warmwasser wird per Wärmepumpe aufbereitet.

Der kleine Kühlschrank ist ausschließlich mit lokalen Produkten gefüllt. (Ob darunter auch Fleisch sein darf, ist Teil heftiger familieninterner Diskussionen.[36]) Die Marke der Schuhe heißt Birkenstock, das Lieblingshobby der Familie sind Wanderungen, und auch sonst ist alles biologisch, natürlich und ganz auf Umweltschutz getrimmt.

Vor der Haustür: Natur. Hinter dem Haus ohnehin, dort ist der unberührte Wald. Das einzige kleine Zugeständnis: Der alljährlich obligate kleine Weihnachtsbaum wird aus ebendiesem Wald besorgt. (Nachdem er seinen Dienst getan hat, kommt der Baum selbstverständlich wieder zurück in die Natur: per Kompostierung, der auch sonst alle möglichen Haushaltsreste zugeführt werden.)

Das zweite Szenario:

Die Durchschnittsfamilie wohnt im renovierten Mehrfamilienhaus. Die wohlhabenderen Familien haben ihre Altbauwohnung mittlerweile mit Isolierungsschaum nachgedämmt – nicht ganz nach Passivhausstandards, aber fast. Andere würden gerne diesen Schritt setzen, finden aber oft weder Geld noch Zeit dafür.

Das Dach ist teils begrünt, teils mit einer Solaranlage bedeckt, wenn auch mit einer relativ kleinen: Den Energiebedarf des Hauses deckt sie nicht ab. Größer kann sie nicht ausfallen, denn das Nachbarhaus würde sie verdecken. (Und das begrünte Dach trägt zwar zu einem besseren Mikroklima bei, aber auch das ist relativ: Die Temperaturen hier in der Stadt sind immer ein oder zwei Grad höher als am Land.)

Garage gibt es in diesem Haus keine. Nur eine der sieben Familien, die hier wohnen, hat ein eigenes Auto – sie verbringt ihre Wochenenden gerne am nahen Land. („Nahe" ist dabei relativ: Ihre Lieblingswanderwege sind zwei Autostunden entfernt.)

Der Rest des Alltagslebens ist ebenso mit Kompromissen verbunden. Ein paar der Nachbarn kompostieren ihre Speisereste, aber das ist in der Stadt dann doch etwas kompliziert. (Vegetarier zu sein, ist dafür ein bisschen einfacher.)

***

Abgesehen vom Wohnort – Land beziehungsweise Stadt – sind die beiden Szenarien fast gleich: Die Durchschnittsfamilien sind gleich groß, und sie leben den Umständen entsprechend ähnlich klimafreundlich.

Der große Unterschied ist der konkrete Schauplatz. Das erste Szenario ist dabei eine „Vision": So zu leben, wäre mithilfe heutiger Technologien bereits möglich. Die wenigsten tun es aber. Das zweite Szenario ist eine erweiterte „Version" des heutigen Stadtlebens.

Es geht nun zunächst noch nicht darum, den jeweiligen CO_2-Fußabdruck dieser beiden Szenarien zu hinterfragen.

Hier geht es um die Natur – also um die Frage: Welches der beiden Szenarien ist für die Natur besser verträglich?

Natur*schutz* versus Klima*schmutz*

Der sogenannte „kalifornische Traum", dass sich jede Familie ihr eigenes Einfamilienhaus, ein oder sogar zwei Autos und auch sonst alle Ressourcen anschafft, die man mit Geld kaufen kann, ist genau das: ein Traum, aus dem es so schnell wie möglich aufzuwachen gilt.

Denn CO_2-Emissionen sind nur *eine* Folge einer solchen Lebensweise, denen durch konsequente Klimapolitik möglicherweise sogar Einhalt geboten werden könnte. Doch selbst dann, wenn jedes Einfamilienhaus in ganz Kalifornien – und auch anderswo auf der Welt – durch ein ideales Passivhaus ersetzt würde: Es bliebe immer noch das Grundproblem, dass diese Häuser, egal wie sie ausgestaltet sind, enorm viel Platz verbrauchen.

Um beim Beispiel Kalifornien zu bleiben: Die 40 Millionen Menschen, die hier wohnen, sind im Durchschnitt verhältnismäßig wohlhabend und progressiv eingestellt. Sie erleben mittlerweile jährlich immer größere Waldbrände.[37] Ein Grund dafür heißt: Klimaschmutz – die immer glühendere Hitze. Doch ein weiterer wichtiger Grund ist, dass viele Wohnhäuser immer weiter in bisher unberührte Natur hinein errichtet werden.

Egal also, wie CO_2-neutral das Passivhaus auch sein mag: Die Vorstellung, dass jede Familie in einem Einfamilienhaus leben könnte, ist reine Fiktion. Das gilt für Kalifornien und die schier endlosen Ansammlungen von Einfamilienhäusern. Es gilt für die Vereinigten Staaten insgesamt. Und es gilt auch für Deutschland, Österreich, die Schweiz und ein jedes andere Land.

Die aktuellen Zahlen zeichnen ein düsteres Bild für die Natur: In Deutschland etwa wurden im Zeitraum 2015 bis 2018 bundesweit *täglich* 56 Hektar Fläche an Ackerböden, Wald oder Grünland in Siedlungs- und Verkehrsflächen umgewandelt. Im Jahr 2000 lag diese Zahl sogar noch bei etwa 129 Hektar pro Tag. Inzwischen gibt es zwar die Zielsetzung, den Bodenverbrauch bis 2030 auf 20 bis 30 Hektar pro Tag zu senken.[38] Doch die Umwandlung von

Natur in bebaute Flächen geht damit trotz dieser ambitionierten Ziele weiter. Die einzige „nachhaltige" Zahl wäre eine runde Null, wenigstens bezogen auf die Nettozahl, in welche auch die Rückwandlung von bebauten Flächen in Naturflächen miteinbezogen wird.

Die Hinweise, dass es höchst an der Zeit wäre, den Bodenverbrauch – die Umwandlung von Grün in Grau oder Braun – zu stoppen, sind überdeutlich. Der jährlich herausgegebene *Living-Planet*-Report des WWF etwa, der den weltweiten Status der Tierwelt beschreibt, zeigt klar, dass hier Alarmstufe Rot herrscht – ähnlich wie auch beim Klima. Der WWF-Bericht verfolgt den Status der Populationen von 4000 Säugetieren, Vögeln, Fischen, Amphibien und Reptilien seit 1970. Das alarmierende Ergebnis: In diesen fünfzig Jahren sind die Populationen weltweit um insgesamt mehr als zwei Drittel (!) geschrumpft.[39] Ein ähnlicher Befund gilt für Schmetterlinge (minus 50 Prozent seit 1990 in Europa), Hummeln (minus 50 Prozent seit 1974 in Nordamerika) und Insekten im Allgemeinen (40 Prozent sind vom Aussterben bedroht).[40]

Die Natur ist am Rückzug: Wir befinden uns am Anfang des sechsten globalen Massenaussterbens.[41] Ein wichtiger Grund dafür ist der Klimawandel. Ein ebenso wichtiger ist aber auch die globale Nutzung – der globale Missbrauch – von Land.[42]

Der Biologe und Autor E. O. Wilson, der vor allem für seine Studien zu Ameisen weltbekannt ist, schlägt daher vor: „Die Hälfte der Erde" (so der Titel eines seiner Bücher) sollte so weit wie möglich von Menschenhand unberührt bleiben.[43] Das wäre möglich – und muss es wohl auch. Doch es geht nur dann, wenn die überwiegende Mehrzahl der Menschheit in Städten wohnt. Nicht in Vorstädten, nicht in Vororten, nicht in vollkommen CO_2-neutralen, hypermodernen Passivhäusern am Land – in Städten.

Teil II

WO

Ein Liebesbrief an die Stadt und einer an das Land, über das Wohnen im „Na ja, eigentlich", kontraproduktive Klimapolitik und die Stadt als Idee, in der wir das wahre Klimapotenzial finden

3 Stadt

Ein Liebesbrief an die Stadt

Stadt ist vieles. Die nüchternste Definition lautet: Es ist eine Ansammlung von Parzellen mit mindestens 1500 Bewohnern pro Quadratkilometer, die zusammengenommen mindestens 50.000 Bewohner aufweisen und wo mehr als 50 Prozent des Gebietes bebaut sind.[44]

Konkret bedeutet das: Wohnhäuser, Bürogebäude, öffentliche Verkehrsmittel, Museen, Cafés, Unis und Bars für die Jüngeren, ein Zoo, damit auch die Kleinsten einmal eine echte Kuh ganz aus der Nähe sehen können. (Die ist hier genauso exotisch wie Eisbären und Erdmännchen.) Meist bedeutet es auch: die Vermischung verschiedenster Kulturen. Es gibt nicht nur das eine Chinarestaurant neben der einzigen Pizzeria, sondern vielleicht eine ganze *Chinatown*. Und die beste Pizzeria gehört einer Griechin; der Küchenchef ist Bolivianer.

Das ist Stadt: gelebte, ganz alltägliche Vielfalt. Es gibt viel zu tun, viel zu sehen. Viele Sprachen, viele Kulturen. Toleranz gegenüber dem Anderen. Liberal, urban, weltoffen. Leben und leben lassen – Stadt als Lebenseinstellung.

„Stadt" als Idee muss nicht unbedingt heißen, in der Stadt zu wohnen: Stadtmenschen gibt es auch anderswo, und es gibt auch viele Menschen, die zwar eine Stadt als Wohnadresse angeben, aber trotzdem nicht wirklich dort leben. Und damit meine ich nicht die Reichen mit dem Zweitwohnsitz am Land. Ich meine die Einstellung zum täglichen Leben.

Mein erster Besuch in New York fand im Sommer 1996 statt. Ich war eigentlich am Weg nach Minneapolis, um dort als

Austauschschüler meine elfte Schulstufe zu verbringen. (Es war zugleich auch mein erster Flug.)

Zu Beginn bekamen meine Mitreisenden und ich einen Crashkurs zum Leben in Amerika: ein bisschen Geschichte, ein bisschen Sprache, ein bisschen Kultur. Der Ort, an dem diese Orientierung stattfand, war das suburbane Connecticut: Einfamilienhäuser, viel Platz, entsprechend viele Autos – das vorörtliche Hotel lässt sich kaum ohne Auto erreichen. Zu Fuß kommt man nicht weit, schon gar nicht über die Straßen, die allesamt mehr Spuren haben als die meisten europäischen Autobahnen.

Teil des Orientierungskurses war auch ein Nachmittagsausflug in die große Stadt, nach New York City. Den Tourbus verließen wir dabei genau zwei Mal: das erste Mal, als es in der Gruppe hoch hinauf aufs Empire State Building ging – 102 Stockwerke, fast 400 Meter hoch. (Errichtet wurde es übrigens inmitten der „Großen Depression" innerhalb von nur 14 Monaten, was wir heute wohl als „chinesische" Baugeschwindigkeit, als Bauwahn, abtun würden.) Das zweite Mal verließen wir den Bus auf der Rückfahrt, und zwar zum Abendessen bei McDonald's an einer Autobahnraststätte. Einführung in die amerikanische Kultur eben.

Die *Stadt* New York hat im Rahmen dieser Tour niemand von uns erlebt. Ja, wir haben die Lichter am Times Square von unten bestaunt, sind durch die Wall Street gefahren, haben die imposanten Gebäude von der Besucherterrasse von oben bewundert und den Central Park gesehen, als wir die 5th Avenue entlang in Richtung Empire State Building fuhren. Aber *Stadt* war das nicht.

Und das war auch gut so, denn es ging danach für fast alle von uns nicht in eine amerikanische Stadt. Es ging in einen Vorort – dorthin, wo Einfamilienhäuser Keller haben, die groß genug sind, um einem Austauschschüler sein eigenes Zimmer zur Verfügung zu stellen. Ich war meiner Gastfamilie unendlich dankbar für dieses Zimmer.

Eigentlich war es meine dritte Gastfamilie: Die erste hatte doch kein Zimmer für mich, wie sich gleich bei meiner Ankunft herausstellte. Und unsere erste Autofahrt ging zur lokalen Suppenküche. Die Familie hatte mich nur unterbringen wollen, um die paar Hundert Dollar Steuerrückvergütung abzusahnen, die es für amerikanische Gastfamilien gab.

Meine zweite Gast-„Familie" war eine alleinstehende ältere Dame. Mit ihr ging es zweimal pro Woche in die Kirche. „Kirche" hieß in diesem Fall: ein Veranstaltungszentrum in einem vorörtlichen Shoppingcenter mit Platz für ein paar Tausend Besucher. Am Sonntagvormittag war die Halle voll. Ich war dabei meist in einem Nebenraum: beim Bibelstudium mit der Jugendgruppe. Freilich verbrachte ich auffallend viel Zeit auf der Toilette und las dort lieber „Huckleberry Finn". Als sich dann Ende März 1997 Dutzende Anhänger der Heaven's-Gate-Sekte in einem Vorort von San Diego rituell selbst töteten, kursierten am darauffolgenden Wochenende Gerüchte, dass es dabei auch Verbindungen zu „meiner" Kirche gab.

Gleich in der nächsten Woche ging es dann zu meiner dritten Gastfamilie. Die empfing zwei Jahre später auch meinen Bruder Michael mit offenen Armen und kam fünf Jahre danach zu Siris und meiner Hochzeit nach Wien.

Auch das alles ist Amerika.

***

Die Stadt Minneapolis – besser gesagt: ihre Skyline – bildete manchmal die Kulisse, wenn wir mit dem Laufteam der Highschool von einem Vorort in den anderen fuhren. Am einen oder anderen Wochenende ging es sogar wirklich *in* die Stadt, als Familienausflug in eine andere Welt. Doch die Stadt selbst war insgesamt vor allem Hintergrund. Dasselbe galt für die *Stadt* als Idee, als Lebenseinstellung.

Gegen Ende des Schuljahres packte mich endlich die Neugier, und ich plante einen Trip in die *Stadt*. Alleine. Nicht mit dem Auto – mit dem Bus. (Führerschein habe ich bis heute nicht.) Dieser Trip bedurfte einiger Planung: Busse aus *Suburbia* fuhren nicht jede Stunde in die Stadt, schon gar nicht im Takt. Und der Busfahrer war recht überrascht, einen einzelnen Schüler als Fahrgast aufzunehmen. Er fragte besorgt, ob alles in Ordnung sei.

Ich kann mich noch gut an zwei Dinge erinnern. Erstens: die 40-minütige Fahrt. Der Bus blieb ein paarmal stehen, aber ansonsten ging es schnurstracks in die Stadt, entlang eines der vielen Highways. Am Nachmittag in Richtung Stadt zu fahren heißt, in die entgegengesetzte Richtung wie der Berufsverkehr unterwegs zu sein. Der Bus selbst war fast leer – den Bus wählen nur die, die sich kein Auto leisten können. Egal ob Auto oder Bus: Diese Fahrt tagtäglich im Berufsverkehr machen zu müssen, wäre wieder eine ganz andere Sache.

Zweitens kann ich mich an meinen Spaziergang in der Stadt erinnern: einen langen Spaziergang. Es war Freitag, später Nachmittag. Ich schien der Einzige zu sein, der nur zum Staunen gekommen war. Alle anderen schienen zielsicher irgendwohin zu schreiten. Die überdachten Gehwege, die die Hochhäuser in Downtown Minneapolis in der ersten oder zweiten Etage miteinander verbinden, waren alle gut gefüllt. Hier eine Gruppe Teenager am Weg ins Kino, da ein paar Geschäftsleute am Weg nach Hause. Im Nachhinein betrachtet also nichts Besonderes: ein später Freitagnachmittag in einer Stadt eben.

Im Nachhinein war es jedoch auch nicht das, was ich heute als echte *Stadt* bezeichnen würde: So geschäftig all die Menschen auf den Gehwegen auch waren, kaum jemand *ging* nach Hause. Es ging vor allem zur nächsten Parkgarage, um dann eine Stunde lang im Verkehr zu stecken – zurück nach *Suburbia*.

Dorthin fuhr auch ich dann bald zurück, wieder mit dem Bus. Der Busfahrer war derselbe. So viele Routen hinaus in die Vororte gab es nicht, und das war eben seine. Er war ein wenig erstaunt – und sichtlich erleichtert –, dass ich aus der Stadt wieder nach Hause fuhr. Die Fahrt dauerte diesmal über eine Stunde, im dichten Verkehr auf vierspurigen Highways. Ich war die gesamte Fahrt hindurch der einzige Passagier. Hinein in die Stadt, nach einem langen Arbeitstag als Zimmermädchen für eine wohlhabende Vorortfamilie oder auch als Handwerksgehilfin oder Aushilfslehrer, da fuhren vielleicht ein paar mit dem Bus zurück in ihre kleine Wohnung. In die entgegengesetzte Richtung fuhr aber niemand Bus – nicht 1996, nicht in Minneapolis.

Nach Minneapolis kehrte ich während meines gesamten Schuljahres nur noch ein einziges Mal zurück: für das Leichtathletik-Abschlussturnier, zu dem alle Highschool-Athletinnen und -Athleten aus den Vororten die große staatliche Uni im Zentrum der Stadt besuchen durften. Dabei ging es vielen gar nicht um das Turnier selbst: Es ging um das große Stadion, die Schulbusfahrt in Richtung der immer größer werdenden Skyline. Der krönende Abschluss in der großen Stadt – fast wie ein Ritual des Erwachsenwerdens.

***

25 Jahre später ist dieses Bild etwas überholt. Minneapolis ist zwar immer noch mehr eine Ansammlung von Vororten als ein echtes urbanes Zentrum. Doch mittlerweile gibt es auch eine *Stadt*. Meine damalige Gastschwester wohnt dort. Sie fährt zwar Auto, aber nicht täglich – sie hat es vor allem, um zu ihren Eltern „hinaus" zu Besuch zu fahren, in die ansonsten immer noch schwer erreichbaren Vororte.

Junge Amerikanerinnen und Amerikaner fahren weniger Auto als frühere Generationen. Dabei spielen Präferenzen und Prioritäten eine Rolle, die Jugendarbeitslosigkeit jedoch ebenso.[45] Die Ironie dabei ist, dass Arbeit meist in den Städten zu finden ist, Wohnen dort aber teils dank des Sankt-Florians-Prinzips – den

Nimbyismus – zu teuer kommt. Das Akronym *Nimby* steht für: „Not in my backyard." Das heißt etwa: neue Wohnungen ja, aber nicht in meinem unmittelbaren Umfeld![46]

Diese Einstellung gibt es überall, allerdings tendenziell mehr in Vorort und Vorstadt als in der Stadt – und vor allem ist sie unter echten *Stadt*menschen deutlich weniger verbreitet. Veränderung – kontinuierliche Erneuerung und Verbesserung – ist ein großer Teil von deren Lebenseinstellung. Konsequent in die Praxis umgesetzt, würde dies auch jungen Menschen ermöglichen, dort zu wohnen, wo sie es wirklich wollen – und nicht aus dem Vorort zuerst in die Stadt und dann als Jungfamilie wieder zurück in den Vorort zu ziehen, sondern dauerhaft in der *Stadt* zu leben.

Das ist der positive Zyklus, den es zu forcieren gilt: mehr *Stadt*menschen – bessere Stadt-, Regional-, Verkehrs- und Klimapolitik – mehr *Stadt*menschen. Mit der richtigen Politik sehen sich mehr Menschen gerne in der Stadt – und umgekehrt ermöglichen Menschen, die gerne in Städten leben, auch die richtige Politik.

Entwicklungen in diese Richtung gibt es mehr und mehr. Minneapolis ist zwar noch weit von Oslo, London oder New York entfernt – die Autos werden noch lange nicht aus der Stadt verbannt werden, wie das etwa in der Innenstadt von Oslo schon der Fall ist, und auch eine Citymaut, wie es sie bereits in London, Stockholm und bald auch New York gibt, scheint hier noch in ferner Zukunft zu liegen. Doch immerhin gibt es mittlerweile eine neue Stadtbahn: Als ich unlängst zu Besuch kam, ging es per Bahn vom Flughafen zur Universität und weiter zum Hotel – fast Berliner, Wiener oder Züricher Verhältnisse. Das einzige Auto, das ich bei diesem Besuch von innen sah, gehörte

Kelly, meiner ehemaligen Gastschwester: Ich begleitete sie als Beifahrer zum Abendessen bei den Gasteltern – in *Suburbia*.

Eine gute Stadt ist immer im Umschwung. Jede Stadt hat ihre Besonderheiten, ihre Traditionen. Manchmal ist auch die Besinnung auf Tradition – auf das Erhalten des Bestehenden – die richtige Antwort. Manchmal bedeutet Veränderung einen Schritt zurück, bevor es wieder nach vorne geht. Nicht jeder Schritt ist ein echter Fortschritt. Grund zu regen Debatten gibt es zur Genüge; Möglichkeiten, Chancen zur positiven Veränderung gibt es ebenso zahlreich.

Auch all das ist *Stadt* – die Idee, die Lebenseinstellung, die ich seit meinen ersten freitäglichen Gehversuchen in Minneapolis nie mehr losgelassen habe.

Stadt als Lebenseinstellung

Stadt ist die Idee, die Einstellung, der Ausblick – nicht nur der Ort selbst. Stadt alleine als der Ort garantiert noch nicht, *Stadt* zu sein. Ich könnte mein Leben lang in einem Wohnturm in einer als Stadt definierten Ansammlung dicht bebauter Parzellen verbringen und doch nie wirklich in der *Stadt* leben.

Das Leben im Wohnturm garantiert vielleicht den Blick auf die Lichter der Stadt, als Ersatz für den ansonsten wegen allgegenwärtiger Lichtverschmutzung unsichtbaren Sternenhimmel. Es ermöglicht auch die monatliche Fahrt ins Kino, vielleicht sogar ins Kabarett oder Theater. Kultur gehört nun mal dazu – *Hoch*kultur für die, die es sich leisten können und wollen. Das London Symphony Orchestra kommt nur einmal im Jahr vorbei, und ein bisschen Vivaldi hat noch niemandem geschadet, einmal im Jahr ins Ballett auch nicht – kein Advent ohne Tschaikowski.

Wenn jedoch das Leben im Wohnhaus untrennbar mit dem Auto in der Kellergarage verbunden ist, dann ist das meist nicht

Stadt: Es ist einfach ein Wohnkompromiss, weil der Job in der Stadt ist – lieber ein Schlafzimmer weniger als dreißig Minuten weiter weg wohnen.

Aus Klimasicht mag ein solcher Wohnkompromiss immer noch besser sein als das Einfamilienhaus in Vorort oder Vorstadt. Doch darum geht es an dieser Stelle nicht: Es geht um die Einstellung – den Unterschied zwischen Stadt und *Stadt*.

***

Stadt ist für mich zum Beispiel, wenn sowohl der Barista in meinem Lieblingscafé als auch der freundliche Obdachlose, der oft vor der Tür anzutreffen ist, meinen Namen richtig ausspricht („*juggernaut*", ohne „*jug*" – so erkläre ich es Amerikanern gerne), und wenn ich ebenso weiß, dass der Obdachlose seinen großen schwarzen Kaffee am liebsten mit zwei Löffeln Zucker nimmt.

Stadt ist gelebte Spontaneität, vollkommene Gelassenheit. *Stadt* ist, am Samstag mein Handy zu Hause zu lassen, mit zwei Kindern und ihren Scootern noch vor dem Frühstück in eine Richtung loszumarschieren und erst nach dem Abendessen wieder nach Hause zu kommen. *Stadt* ist, am Samstagabend spontan der zweiten Hälfte eines Symphoniekonzertes zu lauschen – und zwar kostenlos, weil mir ein Pärchen, das schon während der Pause nach Hause ging, etwas amüsiert die Karten übergab: „Viel Spaß!"

Stadt ist gelebte, kompromisslose Effizienz. *Stadt* ist, einen ganzen Monat lang im 15-Minuten-Radius zu arbeiten und zu leben, ohne sich währenddessen jemals bewusst in seiner Mobilität eingeschränkt zu haben. *Stadt* ist, vom Allerwichtigsten jeweils nur ein Stück zu besitzen – und manchmal auch noch weniger. *Stadt* ist in meinem Fall auch, ohne Waschmaschine zu leben: Die beiden Wäschereien, die ich innerhalb nur einer Gehminute erreiche, erledigen das Waschen, Trocknen und Falten viel besser – effizienter –, als ich es jemals selbst könnte.

Stadt ist Effizienz

Es ist genau diese Effizienz, die *Stadt* so lebenswert – und so klimafreundlich – macht: mehr Lebensfreude, mehr Wohlergehen mit weniger Input. Das bedeutet vor allem: weniger Platz in Anspruch zu nehmen.

Platz ist freilich relativ: Verglichen mit der 45-Quadratmeter-Durchschnittswohnung in Hongkong oder den 60 Quadratmetern einer chinesischen Stadtwohnung (Tendenz steigend) sind unsere 70 Quadratmeter für eine vierköpfige Familie immer noch relativ großzügig.[47] Doch verglichen mit den fast 110 Quadratmetern Wohnraum-Durchschnitt in Deutschland, den 200 Quadratmetern in den Vereinigten Staaten oder den mittlerweile über 230 Quadratmetern in Australien sind sie klein.

So zu wohnen, hat nichts mit Tugendhaftigkeit zu tun. Es ist natürlich auch mit gewissen Wohnkompromissen verbunden: Unsere Kinder etwa schlafen in einem Etagenbett. Das alleine ist ein gewisser Kompromiss – sie schlafen übereinander. Das Bett ist außerdem aufklappbar; tagsüber verschwindet es in einer Wand. Der dadurch frei werdende Platz dient abwechselnd als Spielfläche für Bausteinprojekte, als *Dojang* für Taekwondo-Übungen oder als Kuschelecke für Spielfilme, die an die Decke projiziert werden. Das ist zwar einerseits cool und kuschelig zugleich, andererseits ist es kein 70 Quadratmeter großer Spielkeller, in dem sich ein Dutzend Kinder stundenlang austoben könnten, ohne dass jemand vorher oder nachher aufräumen müsste. Aufzuräumen ist hier Teil des Spielens, sonst wäre für die nächste Aktivität kein Platz. (Ob das nun ein Vor- oder ein Nachteil ist, mögen andere Eltern beurteilen.)

Doch es geht nicht nur um die 70 Quadratmeter an sich: Es geht um deren konkrete Lage. Es geht darum, dass wir weder ein Klettergerüst im Garten haben könnten, noch dass wir eines wollten. Das nächste Klettergerüst gibt es nur fünf Minuten

Fußweg entfernt – und zwar jenes mit den vier Schaukeln (und dem Café nebenan mit den frischen Croissants). Das größere Gerüst (ohne Schaukeln) befindet sich fünf Minuten in die andere Richtung – neben dem Café mit dem noch besseren Espresso, dafür aber ohne Croissants: Kompromisse gibt es auch hier.

Städtische Effizienz ist die Kombination von Größe, Lage und einer kräftigen Dosis Lebenseinstellung. *Stadt* ist etwa, am Weg zurück vom Café (mit dem Morgencappuccino in der Hand) einen Fensterwäscher bei der Arbeit zu entdecken – und am nächsten Morgen selbst saubere Fenster zu haben. *Stadt* ist, herauszufinden, dass der Fensterwäscher eigentlich Boxtrainer ist, dein Boxtrainer auch Stegreifkomiker und der Stegreifkomiker dein Barista.

Stadt ist Effizienz. *Stadt* ist Spontaneität. *Stadt* ist Überraschung. *Stadt* ist vor allem: Netzwerk.

Stadt ist Netzwerk

Stadt bedeutet, vernetzt zu leben, sich auf andere zu verlassen und anderen gegenüber zuverlässig zu sein.

Das klingt fast, als ob *Stadt* eigentlich ein kleines Dorf wäre: Alle kennen sich, alle setzen sich füreinander ein. So ist es natürlich nicht ganz.

Zum Teil ist *Stadt* tatsächlich das Sieben-Parteien-Haus, in dem dein ältester Nachbar schon vor vierzig Jahren auf die Kinder deiner zweitältesten Nachbarin aufgepasst hat – und sich jetzt ab und zu auch um deine kümmert. *Stadt* ist ebenso, dass das gesamte Haus von allen sieben Parteien gemeinsam verwaltet wird: Es gibt monatliche Treffen, einen Präsidenten, eine Schriftführerin, eine Buchhalterin und einen Kassenführer. Wenn die Haustür repariert werden muss, dann nimmt sich einer der Nachbarn dieses Projektes an. Und falls es einmal nichts zu besprechen gibt, dann bringt einer Wein mit. Das alles ist *Stadt*.

Zu diesem Thema gab es sogar einen Wirtschaftsnobelpreis: Die mittlerweile verstorbene Elinor Ostrom gewann 2009 – als erste Frau überhaupt – den Preis für ihre „Analyse der wirtschaftspolitischen Steuerung vor allem des Gemeingutes".[48] In Ostroms Forschung ging es um genau solche Netzwerke, die es zum Beispiel ermöglicht haben, dass Schweizer Almen oder spanische Grundwasserleitungen seit Jahrhunderten nachhaltig bewirtschaftet werden, obwohl sie eigentlich Gemeingut sind. Einer von Ostroms Lieblingsbegriffen war dabei der „Polyzentrismus": Es geht nicht um eine einzelne Machthaberin oder eine zentrale Schaltstelle, die Alm, Aquifer oder Wohnhaus verwaltet. Es geht um polyzentrische Strukturen, um polyzentrische Organisationen.

Der Bauer, der seine Kühe alljährlich im Frühjahr auf die Alm bringt, könnte theoretisch – und vollkommen legal – Dutzende, vielleicht sogar hundert Kühe mehr mitbringen. Das Resultat: Er selbst würde die (kurzfristigen) Vorteile, so viele Kühe auf der Alm grasen zu lassen, genießen, während alle anderen sich die Schäden der Überweidung teilen, bis es zum Kollaps des alpinen Ökosystems kommt.

Warum es jedoch in der Realität kaum dazu kommt – obwohl es oft legal wäre, als Einzelner das Gemeingut auf solche Weise auszunutzen –, erklärt Ostrom so: Die Bauern begegnen sich nicht nur auf der Alm. Sie treffen sich auch am Donnerstagvormittag am örtlichen Markt, am Sonntagvormittag in der Kirche, und die Kinder gehen in dieselbe örtliche Schule. So ist das Leben im kleinen Ort; dort, wo sich alle kennen – und wo alle miteinander können. Das städtische Sieben-Parteien-Haus ist nicht viel anders, einschließlich der Tatsache, dass nicht alle immer gut miteinander auskommen – ob im kleinen Dorf oder in der Großstadt, ist egal.

Ob Almen, Aquifere oder städtische Sieben-Parteien-Häuser: Nachhaltige Strukturen werden erst dann richtig auf die Probe gestellt, wenn jemand aus der Reihe tanzt.

Unter welchen Umständen wird etwa der Bauernsohn, der seine Nachbarn beim Almauftrieb mit einem Dutzend neuer Rinder überrascht, zur Verantwortung gezogen? Wann entscheiden die Nachbarn der spanischen Olivenfarm, dass eine Verdoppelung der entnommenen Wassermenge nicht in Ordnung ist? Und wann wird dem Nachbarn im Stadthaus die Nutzung des gemeinsamen Gartens untersagt? Ein zuvor angekündigtes Grillfest, um das Ende des Sommers zu feiern: Gerne. Beinahe wöchentliche, lautstarke Gelage, die bis spät in die Nacht dauern: Nein, danke. (Nicht, dass so etwas in unserem eigenen, perfekten Sieben-Parteien-Haus, in dem ich von unseren Nachbarn zum Präsidenten gewählt wurde, jemals der Fall gewesen wäre.)

***

Stadt ist selbstverständlich nicht nur dieses eher beschauliche Sieben-Parteien-Haus. *Stadt* ist auch das viel größere Wohnhaus mit Hunderten Wohnparteien. Und zwar nicht jenes mit der riesigen Parkgarage – die Schlafstadt innerhalb der Stadt –, sondern eines, das wirklich in die unmittelbare Umgebung integriert ist.[49] Damit nähern wir uns auch dem Prinzip *Stadt* als Netzwerk an: dem eigentlichen Grund, warum es überhaupt Städte gibt – und welche Rolle diese Netzwerke in Sachen Klimaschutz spielen.

Die gelebte Raumdichte, das gelebte Netzwerk bringt vor allem positive, übergreifende externe Effekte hervor. Mathematiker sprechen von positiver „Kreuzableitung": Eine positive Veränderung entlang einer bestimmten Dimension bewirkt noch größere positive Veränderungen entlang einer anderen. Für

Nicht-Mathematiker: *Stadt*leben eben.[50] Der externe Effekt ist wie das zusätzliche Rind auf der Alm, die zusätzliche Wasserentnahme beim Aquifer oder das lautstarke abendliche Grillfest – jedoch jeweils als positive Version.

Bei negativen Externalitäten geht es darum, dass die Handlungen einer einzelnen Person andere negativ beeinflussen: Meine zusätzliche Kuh nützt vor allem mir selbst, während alle gemeinsam die Kosten dafür tragen. Bei positiven Externalitäten hingegen wendet sich diese Logik: Ich profitiere davon, dass viele andere ebenfalls dort leben wollen, wo ich es tue. Dieser Effekt ist einerseits ganz direkt: Je mehr Menschen in meiner Gegend wohnen möchten, desto höher ist der Wert meiner Wohnung – Angebot und Nachfrage. Doch der noch viel wichtigere Effekt von Externalitäten ist etwas indirekter: Je mehr andere Menschen in meiner Gegend wohnen, desto mehr Möglichkeiten gibt es auch für mich.

Je höher die Einwohnerzahl an einem bestimmten Ort ist, desto attraktiver wird die Gegend zum Beispiel für Betreiber von Restaurants und Cafés: Plötzlich gibt es nicht mehr nur die eine mittelmäßige Pizzeria – es gibt jetzt mehrere, darunter auch jene, von der alle schwärmen. Cafés scheinen nur so aus dem Boden zu schießen, eine Straße weiter eröffnet gerade der trendige Boxclub, und mittlerweile hat die Nachbarschaft auch ihre eigene Kletterwand – gleich dort, wo der wöchentliche Bauernmarkt stattfindet. *Stadt* eben.

Ein anderes Wort dafür ist Gentrifizierung: Jene, die „schon immer" in einem bestimmten Stadtteil gewohnt haben, werden aufgrund steigender Mieten vertrieben und durch eine reichere Bevölkerung ersetzt. Das ist oft eine Folge des Erneuerungsprozesses, die auch echte Kosten mit sich bringt.

Um dies zu verhindern, sind vielschichtige Maßnahmen notwendig. Eine der wesentlichsten ist, der zusätzlichen Nachfrage nach Wohnraum mit neuem Angebot entgegenzutreten.

Dabei sind die lokalen Regierungen gefragt, mithilfe entsprechender Zonierung und anderer Auflagen eine ausreichende Anzahl geförderter Sozialwohnungen zur Verfügung zu stellen.

Wien bietet hier ein besonders gutes Beispiel: In Österreichs Hauptstadt gibt es über 220.000 Gemeindewohnungen, die sich im Besitz der Stadt befinden, und mehr als 200.000 weitere Wohnungen, die direkt von der Stadt gefördert werden. Jedes Jahr kommen ungefähr 9000 weitere solche Wohnungen hinzu.[51] Das entspricht noch nicht den Ausmaßen des öffentlichen Wohnbaus wie in Singapur, wo achtzig Prozent der Bewohner in von öffentlicher Hand bereitgestellten Wohnungen leben. Trotzdem können viele andere Städte davon nur träumen. Paris etwa hat sich zum Ziel gesetzt, dass sich bis 2030 dreißig Prozent aller Wohnungen im Besitz der Stadt befinden sollen – eine wichtige Basis für die 15-Minuten Stadt, um zu vermeiden, dass nur die Reichen davon profitieren. Dabei sind die Wiener Sozialwohnungen keineswegs klein, dunkel oder unattraktiv: Auch das berühmte Hundertwasserhaus ist ein Gemeindebau, und das ganz neue Viertel Seestadt Aspern mag äußerlich nach „Gentrifizierung" aussehen, doch auch hier gibt es neben den zahlreichen Kletterwänden Tausende geförderte Wohnungen – und passenderweise den Elinor-Ostrom-Park.

***

Das Prinzip *Stadt* als Netzwerk macht sich auch in formalen Netzwerken bemerkbar, nicht zuletzt an der Börse. Dabei drängen sich einige Fragen auf: Finden die weltweiten Finanztransaktionen nicht zusehends aus der Ferne statt? Börse schön und gut, die „Wall Street" als Prinzip ebenso – aber warum braucht es dafür einen geografischen Ort?

Der globale Finanzmarkt funktioniert heute vornehmlich elektronisch – und trotzdem scheinen sich Banken oft nahe nebeneinander anzusiedeln: in New York, London, Frankfurt/Main,

Shanghai oder Tokio, den Finanzmetropolen. Dabei geht es um ebendiesen Netzwerkeffekt: um die persönlichen Beziehungen, um das schnelle Gespräch am Imbissstand oder im Café – um die Tatsache, dass sowohl Kollegen und Konkurrenten als auch Kunden in unmittelbarer Nähe sind.[52]

Dieser Status als Finanzmetropole ist weder permanent noch im jeweiligen Fall garantiert: Der britische EU-Austritt etwa bedeutete, dass einige Banken zahlreiche Mitarbeiter aus London abzogen und nach Frankfurt/Main und in andere Finanzzentren übersiedelten. Der Brexit mag die Balance zwischen London und Frankfurt/Main messbar verändert haben. Doch an *Stadt* als Finanzort an sich ändert dies nichts.

Dasselbe trifft auch auf die Coronapandemie zu. Kurzfristig hieß es dabei für viele: mehr Homeoffice, weniger Arbeit im Büro. Doch die Frage, ob COVID-19 zu permanenten Effekten für die *Stadt* führen wird, bedarf nur eines kurzen Blickes in die Geschichtsbücher: Die Spanische Grippe führte von 1918 bis 1920 bei einer Gesamt-Weltbevölkerung von damals unter zwei Milliarden Menschen zu ungefähr 500 Millionen Infektionen und mindestens 50 Millionen Toten.[53] Jede heutige Stadtwohnung, die älter als einhundert Jahre ist, diente höchstwahrscheinlich schon damals für Quarantänemaßnahmen. Doch trotz der Spanischen Grippe stockte die zunehmende Urbanisierung kaum: Städte wuchsen davor und danach. Dasselbe wird vor und nach der Coronapandemie der Fall sein.

Am Prinzip des Netzwerkeffektes können weder Ereignisse wie der Brexit noch COVID-19 rütteln. Die positiven Effekte sind einfach zu stark. Es ist genau diese Stärke, warum *Stadt* auch die Antwort auf den Klimawandel ist.

Beim Klimawandel dreht sich alles um die negativen externen Effekte. Klimaverschmutzung ist in vielerlei Hinsicht die ultimative negative Externalität: Mein eigener CO_2-Ausstoß belästigt nicht nur die unmittelbaren Nachbarn. Er hat globale Effekte, die Hunderte Jahre in der Zukunft noch immer spürbar sein werden – globaler geht es nicht, langfristiger ebenfalls kaum.[54]

Da ist es nur fair, dieser ultimativen negativen Externalität mithilfe der ultimativen positiven Externalität Einhalt gebieten zu wollen: mit der *Stadt*.

Das hat vor allem mit Potenzial, mit Innovation zu tun: Weder Effizienz noch Netzwerk sind statisch. Beide verbessern sich mit der Zeit, und zwar fast gänzlich automatisch. Es geht um genau diese Verbesserung mit der Zeit – um den städtischen Dynamismus. Nicht jeder Trend (und schon gar nicht jeder Fitness- oder Modetrend) ist dabei gut. Doch insgesamt geht es typischerweise in die richtige – die insgesamt attraktivere – Richtung.

Stadt ist Innovation

Positive externe Netzwerkeffekte machen *Stadt* so attraktiv – manchmal sogar im ursprünglichen Sinn des Wortes. Ich kann mich noch gut daran erinnern, als unsere damals sechsjährige Tochter kurz nach unserem Umzug nach New York plötzlich lautstark auf der Straße verkündete: „Everyone here looks so … good!" – „Alle hier sind so … schön!"

Die kindliche Indiskretion hat dabei einen realen Hintergrund: Der durchschnittliche Body-Mass-Index, die Körpermassenzahl, ist in den meisten Städten messbar geringer als in *Suburbia* und am Land.[55] 15-Minuten-Stadt bedeutet oft auch mehr tägliche Aktivität – mehr Fußwege, mehr Radfahrten, mehr Bewegung, weniger passives Autofahren. Auch das sind positive Externalitäten. Viel direkter lässt sich die Attraktivität des *Stadt*lebens kaum messen, einschließlich fitter und daher länger zu leben.

Das zeigt die Wichtigkeit der dynamischen Netzwerkeffekte auf: Der Prozess selbst spielt sich im eigenen Körper ab – je mehr Sport ich treibe, desto fitter werde ich. Der Prozess funktioniert aber auch unter Freunden und Nachbarn: Je mehr meiner Nachbarn jeden Morgen eine Runde laufen, desto attraktiver wird das Laufen für mich selbst. Und plötzlich ist täglicher Morgensport die Norm.

Weit über die ganz persönliche Fitness hinaus geht es um Innovation und Technologie im weitesten Sinn. Das Prinzip *Stadt* findet sich auch im Silicon Valley wieder. Warum sollten sich diejenigen, deren Hauptaufgabe es ist, im und am Internet zu tüfteln, eigentlich an einem gemeinsamen physischen Ort treffen? Die Erklärung dafür lautet: Silicon Valley ist so attraktiv, weil es auch andere, die mit Technologie zu tun haben, attraktiv finden. Bei Innovation geht es oft um die Kombination von bestehenden Ideen:[56] Je mehr Leute, die an einem bestimmten Thema arbeiten, sich an einem gemeinsamen Ort ansammeln, desto mehr neue und bessere Ideen sind zu erwarten. Der zusätzliche Wettbewerb macht die Ideen nur noch besser.

Das Prinzip funktioniert in der Biologie: Neue DNA-Kombinationen, die sich gegenüber anderen evolutionär durchsetzen, stellen ihren Wert unter Beweis. Und das Prinzip funktioniert ebenso mit Ideen: Steve Jobs war bekannt dafür, dass er seine Ideen gerne auf langen Spaziergängen erprobte. Das iPhone etwa ist das klassische Beispiel eines Produktes, das vor allem von der genialen Kombination bereits bestehender Ideen profitierte. Schon Isaac Newton schrieb: „If I have seen further, it is by standing on the shoulders of giants." Zu Deutsch: „Wenn ich weiter sehen konnte, so deshalb, weil ich auf den Schultern von Riesen stand."[57]

***

Dass Silicon Valley eigentlich ein großer, weitläufiger Vorort ist – und keine Stadt –, ist wieder eine andere Sache. Mein Studienjahr an der Stanford University mitten im Silicon Valley war mangels Auto und Führerschein eine interessante Erfahrung. Siri und ich waren dort an jedem Wochenende die Einzigen, die in Palo Alto mit Fahrrädern am Bahnsteig standen, um in die Stadt San Francisco zu entkommen.

Dass Silicon Valley den Charakter eines Vorortes aufweist, hat viele historische Gründe.[58] Und diese Tatsache hat mitunter fragwürdige Auswirkungen, etwa die Obsession von Apple, Google und Co mit selbstfahrenden Autos. Diese mögen zwar einige der Probleme lösen, die ein an das Automobil gebundene Leben mit sich bringt. Doch *Stadt* ermöglichen sie kaum.

Eine ebenso weitverbreitete Einstellung in Silicon Valley, die noch viel größere Konsequenzen hat, ist, dass Staat und Regierung (fast) nie die Antwort auf gesellschaftliche Probleme bieten könnten, sondern dass Technologie alleine alle Antworten bereithalte. Diese Generalisierung findet zwar großen Anklang – doch dabei war es oft gerade der Staat, der für grundlegende Forschung gesorgt und viele Technologien erst ermöglichte. Das Internet selbst etwa entsprang einem militärischen Experiment, das selbstverständlich vom Staat finanziert wurde.[59]

Auch beim Klimaschutz ist es der Staat, der diese positiven, externen Effekte forcieren – und direkt fördern – muss. Das Prinzip ist dabei dasselbe wie bei der *Stadt*: Netzwerkeffekte und die daraus entstehende Innovation.

Raus aus der Stadt

Mit diesem neuen Verständnis von *Stadt* als Idee und Lebenseinstellung kann diese gänzlich unabhängig von eigentlichen Städten existieren. *Stadt* ist etwa, mit dem morgendlichen Direktzug aus

München oder Wien am Bahnhof des Kurortes Bad Gastein in den Salzburger Alpen anzukommen, mit den bereits im Zug angelegten Skischuhen die drei Fußminuten zum Lift zu stapfen, die Gondel hinauf auf den Berg zu nehmen und oben am Stubnerkogel seinen alten Schulkollegen zu treffen.

Bad Gastein hat da bestimmt eine besondere Stellung inne: Einerseits hat es nur 4000 Einwohner – klein und kompakt, ein Ort am Land eben. Andererseits hat es ein relativ dicht bebautes Ortszentrum, mit mehrstöckigen Häusern und Hotels – Alpenluft trifft New York. „Als Kind war für mich Bad Gastein so, wie ich mir Manhattan vorstellte", erzählte Olaf Krohne, heute ein Hotelier in Bad Gastein, dem Lifestyle-Magazin *Monocle*.[60] Das klingt wie ein Slogan aus einem Reisekatalog, und das ist es auch: ein Reisekatalog für Menschen, die Reisekataloge eigentlich verschmähen.

Es wirkt rasch wie Satire: An Orten wie Bad Gastein gibt es viele Poseure, die hier – oder an der Côte d'Azur oder wo auch immer es gerade angesagt ist – genau deshalb Urlaub machen, weil es *Monocle* eben mit dem Label „trendig" versehen hat. Sie kommen, um gesehen zu werden. Die Skihose ist weiß – nicht, weil das irgendwie sinnvoll wäre (ob mit oder ohne Lawinengefahr), sondern weil das eben im Trend liegt. (Über die weiße Wanderhose im Sommerurlaub sprechen wir lieber erst gar nicht.)

Und dann sind da die Autos: Der einzige Grund, warum der morgendliche Skibus im Ortszentrum stecken bleibt, ist, weil weiter vorne ein Vorstädterauto nicht vom Fleck kommt. Warum jemand gerade im Urlaub gerne im allzu vorhersehbaren Stau stehen möchte, ist wieder eine ganz andere Frage. *Stadt* ist das jedenfalls nicht.

Doch *Stadt* macht auch nicht im „Manhattan der Alpen" halt. Das kleine Dörfchen Gstatterboden, mitten im Nationalpark Gesäuse in der Steiermark gelegen, hat ebenfalls einen eigenen Bahnhof direkt am Wanderweg – ganz ohne mehrstöckige Hotels.

An dieser Stelle mag der berechtigte Einwand geäußert werden: Wenn sogar ein winziger Ort wie Gstatterboden mit seinen 42 Einwohnerinnen und Einwohnern schon als „Stadt" zählt, was bleibt da noch übrig? Wo ist dann das Land? Zugegeben: Der Definition von Stadt – 1500 Bewohner pro Quadratkilometer, die zusammengenommen mindestens 50.000 Bewohner aufweisen und wo mehr als 50 Prozent des Gebietes bebaut sind – entspricht Gstatterboden selbstverständlich nicht. Zum Glück!

Doch *Stadt* ist auch, zu erkennen, wann es nötig ist, den Ausblick auf den einen Baum vorm Fenster gegen einen Besuch in der echten Natur zu tauschen. *Stadt* (als Idee und Lebenseinstellung) und Städte (als dicht bebaute Parzellen) sind es, die genau das erst möglich machen. Die echte *Stadt* ist sowohl Netzwerk, Innovation und kompromisslose Effizienz als auch Balance: Balance zwischen Effizienz und Stillstand, zwischen Innovation und Bodenständigkeit, zwischen Technologie und Fahrrad – zwischen Stadt und Land.

4 Land

Ein Liebesbrief an das Land

Land ist Sehnsuchtsort. Land ist Poesie, Meditation, das Rauschen der Blätter, das Plätschern des Baches. Land ist vollkommene Stille, Vielfalt, Leere. Land ist, ein gutes Buch zu lesen – oder auch gar kein Buch, keine Nachrichten, keine Sorgen. Land ist das Glas Wein, die Musik, die Tradition.

Land ist, am letzten Schul- und Arbeitstag das Handy und alle anderen elektronischen Geräte in der Wohnung in New York zurückzulassen und ab nun einfach die Tage zu zählen, vielleicht mithilfe eines Blattes Papier und eines Bleistifts, um sicherzugehen, dass man am letzten Ferientag wieder in die Stadt zurückkehren wird.

Je nach Definition leben zwei bis zehn Prozent der Weltbevölkerung am Land, Tendenz fallend.[61] Das ist nicht viel – und das kann es auch nicht sein: Land ist vor allem definiert durch die menschliche Abwesenheit, die Weite, die Unberührtheit.

Land ist das Gegenteil von Stadt – und ich meine damit das „Gegenteil" im besten Sinn des Wortes: als Ausgleich, als Balance, als Ressource und Erholungsort, als Energiequelle für Mensch und Natur.

Das Stichwort „Gegenteil" ist allerdings der Punkt: Land ist *nicht* eine Ansammlung von Einfamilienhäusern mit schön manikürten, aber ansonsten nutzlosen Rasenflächen – auf den Fotos in der Bausparbroschüre mögen im satten, beinahe unnatürlichen Grün zwei Kinder frohlocken, doch in Wirklichkeit haben sie den Rasen nie wirklich genutzt, bis dann endlich der Swimmingpool dazukam. (Die Swimmingpool-Broschüre war da im Nachhinein betrachtet schon ein wenig ehrlicher: Dort waren nur Kinder im Vor- oder Grundschulalter abgebildet. Die Elfjährigen gehen viel lieber ins örtliche Freibad – dort ist das Becken deutlich größer, und es gibt auch andere Kinder, Pommes ebenso.)

Land ist *nicht* die Vorstadt, der Vorort, die *Suburbs* oder etwa gar die *Exurbs* – eine Ansammlung von Einfamilienhäusern, die so fernab jeder Stadt liegt, dass die Bezeichnung *Suburbs* ein Affront für alle Vorstädter wäre.

Und Land ist natürlich nicht *nur* das Gegenteil von Stadt, nicht nur ein Erholungsort für *Stadt*menschen. Land ist das Rückgrat der Stadt, des Staates. Es ist Kultur, Geborgenheit, Bodenständigkeit; dort, wo man sich verbirgt, wohin man sich zurückzieht. Land ist Heimat.

Land als Heimat ist ein Wert, den es zu würdigen gilt. Im Deutschen gibt es praktischerweise zwei Wörter, die den Unterschied zwischen „Heimat" und „Zuhause" widerspiegeln (anders als im Englischen, wo wir nur von „home" sprechen). Die wenigsten leben am Land, nennen es also ihr Zuhause. Doch die Idee *Land* besteht unabhängig davon: Heimat ist etwas, das selbst die scheinbar rastlosesten *Stadt*menschen, sogar jene mit zwei oder mehr Reisepässen, als Wert feiern – und das aus gutem Grund.

Meine Frau und ich sprechen oft mit unseren beiden Kindern darüber, dass sie zu 50 Prozent Österreicher, zu 50 Prozent Thailänder und zu 100 Prozent Amerikaner sind (auch wenn diese Rechnung im Mathematikunterricht zu einigen offenen Fragen in Sachen Summen und Prozentsätzen führt): Beide kamen in

Amerika zur Welt – unser Sohn in New York, unsere Tochter in Boston. Amerika, genauer gesagt mittlerweile wieder New York, ist unser Zuhause.

Heimat sind für uns jedoch Österreich und Thailand; Ersteres vermutlich noch ein wenig mehr, da die unterschiedlichen räumlichen Distanzen doch einen Unterschied machen: Nach Österreich reisten wir vor der Coronapandemie typischerweise zweimal im Jahr, nach Thailand nur etwa alle 18 Monate. (Mehr dazu in Kapitel 7: Mobilität.)

***

Heimat bedeutet nicht nur „Heimfahrt" (oder „Heimflug"). Einen Teil der Heimat kann man auch an andere Orte mitnehmen. Unser Familiengeschirr etwa kommt aus dem oberösterreichischen Gmunden. Und wenn ich „unser Geschirr" sage, dann meine ich wirklich jeden Teller und fast jede Schüssel, die wir täglich in New York verwenden. Die Marke „Gmundner Keramik" ist berechtigterweise stolz auf das Label „Handgefertigt seit 1492" – also seit demselben Jahr, in dem ein berühmt gewordener Italiener gen Westen segelte, um einen neuen Seeweg nach Indien zu finden.

Unser Geschirr ist inzwischen zwanzig Jahre alt. Wir bekamen es als Hochzeitsgeschenk – auch das entspricht der Tradition. Unsere Hochzeit selbst fand in Wien statt. Unsere Hochzeitsreise: per Fahrrad von Wien los, dann per Rad und Zug quer durch Österreich, ohne viel Planung. Von einer Pension mit „Zimmer frei"-Fähnchen vorm Haus zur nächsten. Einfach weg von allem – am Land. Unsere erste gemeinsame Wanderung als Ehepaar führte uns von Gstatterboden hinauf in die Berge. Die Räder schlossen wir unten am Bahnhof ab; beim Abmarsch wussten wir noch nicht, wann wir sie wiedersehen würden. Die Ennstaler Hütte, ein paar Stunden den Berg hinauf, hatte noch ein Zimmer frei – so wenigstens die Auskunft eines Wanderers, der uns bei unserem Aufstieg entgegenkam.

So etwas ist selbstverständlich auch ein Privileg: die Freiheit, einfach bestehende Normen zu brechen. Eine Hochzeitsreise ohne Meer und Strand kann für allzu viele keine Hochzeitsreise sein: Die Norm ist ein Flug, und zwar so weit weg, wie es das Budget erlaubt. Warum, das weiß zwar niemand so genau – aber es steht so im Hochzeitsreisekatalog oder ist das, was Fotos von Familie und Freunden zeigen, die so etwas ja auch gemacht haben.

Normen zu brechen, und seien es „nur" Urlaubs- oder Hochzeitsreisefotos, die „nur" Wald und Wiesen zeigen oder auch gar nichts: Leere. Stille. Keine Kamera. Kein Handy, das die Fotos sofort hochlädt und teilt und zeigt, wie aufregend der Urlaub ist. Auch das sind *Stadt* und *Land*.

Land ist Unabhängigkeit – oder zumindest ist das die Idee vom Land. In der Realität ist diese Unabhängigkeit oft Utopie.

Stadt, Land, (Klima-)Politik

Das eigentliche Land ist hochgradig abhängig vom Wirtschaftsmotor Stadt. In Amerika bedeutet das enorme Summen an Subventionen, die von den Küstenstädten ins Landesinnere fließen: New York und Kalifornien als große Nettozahler, Iowa und Kansas als große Nettoempfänger.

In Europa bedeutet das die Gemeinsame Agrarpolitik, die mehr als ein Drittel des Budgets der Europäischen Union ausmacht. Insgesamt sind manche Länder wie Deutschland und Österreich Nettozahler, während andere Länder Nettoempfänger von EU-Geldern sind. Auch innerhalb einzelner Länder gibt es enorme Unterschiede: Frankreich etwa ist insgesamt ein EU-Nettozahler, während seine ländlichen Regionen die größten Empfänger von EU-Agrargeldern überhaupt sind. In Deutschland und Österreich verhält es sich ähnlich: Bayern bekommt weit über einer Milliarde

Euro an EU-Agrarsubventionen, während Hamburg, Berlin oder Bremen fast gar keine erhalten.[62]

***

All das macht die Politik entsprechend kompliziert. Ausnahmen bestätigen zwar immer wieder die Regel – es gibt auch konservative Städte und progressive ländliche Regionen –, doch insgesamt ist es vor allem die jeweilige geografische Dichte, die viele politische Unterschiede erklärt: Relativ dicht besiedelte Städte sind tendenziell progressiv, das relativ dünn besiedelte Land konservativ.[63]

Wenn Stadt links und Land rechts wählt, aber „links" für mehr Staat eintritt und „rechts" für weniger, führt das zu regelrechten Paradoxen. Das Buch „What's the Matter with Kansas?" (in der deutschen Übersetzung: „Was ist mit Kansas los?"), das sich eingehend mit diesem Thema befasst, war ein Bestseller.[64] Sein Untertitel: „Wie die Konservativen das Herz von Amerika erobern". In den Erklärungen für das Phänomen des politischen Stadt-Land-Unterschiedes spielt einerseits Religion eine wichtige Rolle, andererseits aber auch nackter Populismus und offener, kaum versteckter Rassismus – auf beiden Seiten des Atlantiks.

Bei der amerikanischen Präsidentschaftswahl 2008 etwa trat Senator John McCain, der republikanische Kontrahent des damaligen Senators Barack Obama, bei einer Wahlveranstaltung im ländlichen Lakeville, Minnesota, auf – und sah sich verpflichtet, den Demokraten Obama mit klaren Worten zu verteidigen. Er antwortete einem Wähler, der angab, sich vor einer Obama-Präsidentschaft zu „fürchten", ganz einfach: „Obama ist ein anständiger Mensch; jemand, vor dem Sie sich nicht fürchten müssen" – und erntete dafür Kopfschütteln und Buhrufe aus dem Publikum. Kurz darauf leitete eine andere Wählerin ihre Frage mit den Worten ein: „Ich muss Ihnen sagen, ich kann Obama nicht trauen … Er ist nicht, er ist nicht … er ist Araber." McCain nahm das Mikrofon und sagte: „Nein, Madame. Er ist ein anständiger Familienmann und Bürger, von dem ich mich einfach nur politisch unterscheide."[65] Die Tatsache, dass „Araber" zu sein, auch nichts Schlechtes wäre, ist zwar wieder eine andere Sache – so weit, dies zu thematisieren, ging McCain hier nicht. Doch seine Botschaft war klar.

Das war 2008. Bei der nächsten Wahl, im Jahr 2012, als der republikanische Ex-Gouverneur Mitt Romney den damaligen Präsidenten Obama herausforderte, war die Situation ähnlich: Rassistische Elemente gab es zwar, aber wenigstens versuchte Romney, sie zu unterdrücken. Bei der Wahl Donald Trumps im Jahr 2016 – und noch viel stärker bei seinem gescheiterten Wiederwahlversuch im Jahr 2020 – traten jedoch die schlimmsten Elemente des rohen Rassismus und Populismus zutage. McCain war 2018 verstorben – es war nun der mittlerweile zum Senator gewählte Romney, der 2020 als einziger Republikaner für die Amtsenthebung Trumps gestimmt hatte. Der Rest seiner Partei? Für den galt das geflügelte Wort: „Macht korrumpiert, absolute Macht korrumpiert absolut."[66]

Die vielen Erklärungsversuche für das Phänomen Trump enden alle irgendwo zwischen purer Machtbesessenheit und Rassismus.[67] Das Land – die ländliche Bevölkerung der Vereinigten Staaten, die durch das politische System überproportional viel Stimmkraft hat – spielt dabei eine große Rolle. So kommt etwa dem ländlich geprägten Bundesstaat Iowa sowohl vonseiten der Republikaner als auch der Demokraten traditionell mehr Stimmkraft bei den parteiinternen Vorwahlen für die Präsidentschaftswahlen zu als vielen anderen Bundesstaaten. Und das wiederum bedeutet, dass Subventionen für Ethanol, das aus Mais gewonnen wird, in beiden Parteien hohe Zustimmung genießen – zumindest unter jenen, die sich für das höchste Amt ins Spiel bringen möchten.

Zwar besitzen relativ dünn besiedelte ländliche Regionen kaum anderswo so viel direkte politische Macht wie in den Vereinigten Staaten, doch das allgemeine Muster wiederholt sich auch in vielen anderen Teilen der Welt. Das „Land" spielt auch in Europa politisch eine große Rolle – zumindest die Idee des Landes, und mit ihr die Werte, für die diese Idee steht.

Dabei ist es oft leichter, andere – etwa die Vereinigten Staaten und ihren „Trumpismus", Großbritannien mit dem „Brexit" oder auch Indien und dessen Hindu-Nationalismus – kritisch zu analysieren. Doch es ist allzu deutlich, dass dieselben Elemente auch in Mitteleuropa eine bedeutende Rolle spielen: Die jeweiligen Details mögen sich unterscheiden, aber viele Antworten auf die Frage „Was ist mit Kansas los?" treffen (leider) auch hier zu.

Nackter Populismus und offener Rassismus sind da wie dort ein großer Teil der Erklärung für die politische Situation der letzten Jahre. Selbstverständlich gibt es große Unterschiede – etwa jenen zwischen Angela Merkels Ausspruch „Wir schaffen das!" von 2015 einerseits und den Äußerungen des damaligen österreichischen Außenministers Sebastian Kurz rund um die viel zitierte „Balkanroute" andererseits. Doch aktiv Angst vor dem Anderen zu schüren, hat sich nicht nur für Donald Trump als allzu direkter Weg an die Macht erwiesen. Einerseits nutzt Populismus von der Balkanroute bis zum Trumpismus die Erosion sozialer Normen wie etwa offene Fremdenfeindlichkeit direkt aus, andererseits fördert Populismus diese Erosion der Normen direkt.[68]

∗∗∗

Auf der ganzen Welt spielt auch das Klima eine politische Rolle: Es ist inzwischen überdeutlich, dass der Klimawandel erhöhtes

Konfliktpotenzial bedeutet. Der direkte physikalische Mechanismus ist dabei recht einfach: Hitze erhitzt eben auch die Gemüter.

Und dabei geht es tatsächlich um Hitze im Sinne von Temperaturen über 30 oder 32 Grad Celsius und noch höher: An heißen Tagen steigen die Zahlen bei Autounfällen und anderen Konflikten im Straßenverkehr ebenso in die Höhe wie jene im Hinblick auf Polizeigewalt, Raub, häusliche Gewalt, andere Formen von tätlichen Auseinandersetzungen und Morde. Solche Hitzetage treten durch den Klimawandel vermehrt auf. Außerdem führt der Klimawandel zu einem Anstieg an extremen Wetterphänomenen, von intensiveren Wirbelstürmen bis zu Überflutungen und Dürren.

Konkrete Beweise zum Konfliktpotenzial des Klimawandels füllen mittlerweile ganze wissenschaftliche Bände.[69] Zu den am besten dokumentierten historischen Beispielen gehören vermehrte Bauernaufstände während der chinesischen Qing-Dynastie, Rebellionen im mittelalterlichen Ägypten, ethnische Konflikte in Indien, kommunale Konflikte in Afrika südlich der Sahara, Hexenverbrennungen in Tansania sowie zahlreiche Bürgerkriege und Staatsstreiche auf der ganzen Welt.[70] Und auf aktuelle mitteleuropäische Politik umgelegt lässt sich eine direkte Linie zwischen Klimawandel, Konflikten, Balkan- beziehungsweise Mittelmeerroute und Rechtspopulismus ziehen.

Land als Natur

Ob mit oder ohne Politik: Das Land spielt eine wichtige Rolle – nicht nur als Erholungsraum für *Stadt*menschen, als Rückgrat des Staates, als Inspiration für Landeshymnen und für heimatliche Gedichte und Gerichte. Land ist der Ort, wo die Natur ihre Energie tankt. Nicht nur als sprichwörtliches menschliches Lebenselixier, sondern als buchstäbliches: Land dient nicht nur als poetische

Quelle der Kraft, sondern ist auch dort, wo die Kraftwerke stehen und woher der Strom kommt.

Das bedeutet echte Zielkonflikte: Land als unberührte Natur steht im Konflikt mit Land als Nahrungs- und Energiequelle. Nahrung und Strom lassen sich dabei noch eher miteinander vereinbaren, doch menschliche Nahrungsquellen und vor allem Stromproduktion sind für unberührte Natur kaum – beziehungsweise nur im Kleinen – verträglich.

Das zeigt, wie wichtig relativ intensive Landwirtschaft und Energieerzeugung sind.

„Intensiv" bedeutet freilich nicht riesige Monokulturen, die nur mithilfe unzähliger Chemikalien aufrechterhalten werden können. Es bedeutet keinesfalls Brandrodungsackerbau oder andere Techniken und Agrartechnologien, die ausschließlich auf kurzfristigen Profit ausgelegt sind; wo etwa Nitrate ohne Rücksicht auf den Wasserkreislauf und sonstige Auswirkungen auf Mensch oder Natur zum Einsatz kommen.[71] Eine intensive Landwirtschaft nimmt jedoch Nitrate als wichtigen Beitrag zur Funktionsweise moderner Bewirtschaftung ernst und würdigt dabei auch den Beitrag des Haber-Bosch-Verfahrens: Die chemische Fixierung von Stickstoff ist mittlerweile über hundert Jahre alt.[72] Die weltweite Bedeutung dieser ersten Versuche von Fritz Haber und Carl Bosch, „Brot aus Luft" herzustellen und dabei eine landwirtschaftliche Revolution in die Wege zu leiten, ist unumstritten.[73]

Dies sollte aber nicht von Versuchen ablenken, Landwirtschaft auf gänzlich natürliche Art und Weise zu betreiben. Und dabei geht es nicht nur um Einzelaktionen, etwa den britischen Thronfolger Prinz Charles, der als Verfechter des rein biologischen Anbaus 35 Jahre lang als Hobby seine rund 400 Hektar große *Home Farm* in Gloucestershire betrieben hat.[74] Es gibt inzwischen echte, großflächige Initiativen, wie die Lebensmittelkette mittels skalierbarer naturnaher Innovation revolutioniert werden könnte.[75] (Mehr dazu in Kapitel 5: Essen.)

Trotzdem gibt es überall Abstriche und zwingende Zielkonflikte. Erneuerbare Energie etwa steht oft in direktem Konflikt mit anderen Flächennutzungen: Hochspannungsfernleitungen, Trassen für Hochgeschwindigkeitszüge und andere Infrastrukturmaßnahmen, die das moderne, energieeffiziente und von fossilen Energieträgern unabhängige Leben erst ermöglichen, brauchen ebenfalls ihren Platz. Es ist einfach, für Solar- und Windenergie zu sein, ohne dabei Rücksicht auf den Flächenbedarf zu nehmen, den diese Art der Energieproduktion bedeutet. Zielkonflikte sind umso offensichtlicher, wenn es um echte, unberührte Natur geht.

Eine einzelne Agrarfläche mit einer Windanlage auszustatten, ist das eine – menschlichen Einfluss gibt es dort ohnehin schon. Doch vollkommen unberührte Natur erstmals zum Schauplatz der Energiegewinnung zu machen, ist etwas ganz anderes.

***

Gänzlich unberührte Natur gibt es auf unserem Planeten ohnehin nicht mehr: Müll auf dem Mount Everest oder die Verschmutzung der tiefsten Meere durch Mikroplastik sind nur ein neuerer, sichtbarer Teil des Problems.[76] Quecksilber wurde schon vor Jahrzehnten sowohl im Fruchtwasser als auch in der Muttermilch nachgewiesen – Babys kommen vorverschmutzt zur Welt.[77]

Trotzdem – oder gerade deshalb – wäre es wichtig, der Natur in bestimmten, definierten Gebieten freien Lauf zu lassen. Nationalparks vom Wattenmeer bis zum Schwarzwald und den Alpen leisten dabei einen wichtigen Beitrag. Gänzlich unberührt sind zwar auch diese nicht, aber die Natur hat hier Vorrang: Der Mensch ist Gast. Diese Nationalparks sind jedoch auch eines: relativ klein.

Der Mensch dominiert die Erde. Die Natur ist zum Großteil auf kleine, unwegsame Gebiete beschränkt. Und selbst dort gibt es immer noch genügend Reibepunkte. Vor allem rückt auch der Konflikt zwischen Stadt und Land in den Vordergrund: Es sind jene in den großen Städten, die meist darüber entscheiden, wo welches Land der Natur überlassen wird. Lokale Interessenvertreter werden zwar zum Dialog gebeten, ihre Belange in langen Berichten erörtert – doch am Ende entscheiden „die da oben", was mit „unserem" Land passiert. Das schürt Ressentiments.

In den Vereinigten Staaten etwa, wo ländlichen Interessen in der nationalen Politik überproportional viele Stimmen zukommen, schüren im Besitz der Bundesregierung stehende *Federal Lands* („Bundesterritorien") diesen Unmut. Dabei gibt es ein starkes West-Ost-Gefälle: Im Bundesstaat New York an der Ostküste stehen nur 0,3 Prozent des Landes im Besitz der Bundesregierung in Washington, D.C. Weitere 37 Prozent befinden sich im Besitz von New York State selbst; sie werden von der „lokalen" Regierung verwaltet, gehören also den 20 Millionen Menschen im Bundesstaat New York, nicht allen 330 Millionen Amerikanern. Im konservativen Idaho oder Utah hingegen gehören über 60 Prozent des Landes der Bundesregierung, in Nevada sogar über 80 Prozent. Noch extremer sind die Weiten Alaskas: Diese gehören zu 60 Prozent allen 330 Millionen Amerikanern, und weitere fast 30 Prozent gehören den weniger als einer Million Bewohnern Alaskas. Fast 90 Prozent des Landes in Alaska sind also vom Privatbesitz ausgeschlossen. Auch das beeinflusst die politische Einstellung sehr: Warum bestimmen die dicht besiedelten Küstenstaaten, wie „wir" im Landesinneren oder im fernen Alaska „unser" Land verwalten?[78]

Egal, wie es um die Politik steht, eines garantiert staatlicher Besitz nicht: unberührte Natur. Ganz im Gegenteil: Die amerikanische Bundesregierung verpachtet Land für alles Mögliche – von landwirtschaftlichen Nutzungen bis zu Minen, Erdöl- und Erdgasförderung –, und zwar oft unter dem eigentlichen Wert, was milliardenschweren Subventionen für die Erdöl- und Erdgasindustrie gleichkommt.[79]

Schritt eins muss also lauten: ein Ende der direkten und der verdeckten Subventionen für die Ausbeutung der Natur.
Schritt zwei: Wir müssen aktiv Land definieren, das der Natur vorbehalten ist.

Runde Zahlen wie E. O. Wilsons Vorschlag, die „Hälfte der Erde" dafür heranzuziehen, sind dabei sehr nützlich und sollten deutlich mehr Aufmerksamkeit erhalten.[80] Dabei geht es vor allem um die weltweit wichtigsten ökologischen Hotspots: Regenwälder, weitläufige Steppenlandschaften sowie Gebirgslandschaften wie die Alpen.

Aus amerikanischer oder europäischer Sicht ist es selbstverständlich einfacher, auf „den Regenwald" zu zeigen und mit schönen Worten zu erklären, wie wichtig es wäre, ihn zu erhalten. Viel wichtiger ist jedoch aktive Politik: Geld sowohl in Form von Entwicklungshilfe als auch zum Beispiel CO_2-Märkten. Ein ebenso wichtiger Faktor: die zunehmende Urbanisierung.[81] In vielen Ländern wird dafür freilich bislang auch unberührte Natur „entwickelt"; es entstehen so mitunter gänzlich neue Städte „im Grünen".

Vor allem in Nordamerika kam es in den letzten Jahrzehnten aber zur Wiederbewaldung von Millionen Hektar Land.[82] Und um die Natur – und damit das Land – langfristig zu erhalten, muss der Trend der Urbanisierung auch mit einer Rückkehr zur Natur – der Wiederbewaldung – einhergehen.

Der wichtigste Schritt überhaupt ist die Einsicht, dass es der Stadt bedarf, um das Land, die Natur, die Erde zu retten. Wenn die gesamte globale Bevölkerung so dicht leben würde wie in Manhattan, würden alle fast acht Milliarden Menschen auf der Welt in ein Gebiet der Größe Deutschlands passen. Stadt ließe Platz genug für Land und Natur. Stadt – nicht *Suburbia*.

4½ Suburbia

„Na ja, eigentlich ..."

Vorort, Vorstadt, Stadtrandsiedlung, Umland, Schlafstadt, Satellitenstadt, Speckgürtel, *Suburbia*: Wie auch immer man es bezeichnen mag, dies ist der Ort des „Na ja, eigentlich …".

„Oh, New York!" – „Na ja, eigentlich wohne ich in Great Neck Gardens, New York. Highway-Ausfahrt 26N. Nur vierzig Minuten, ohne Verkehr."

„Paris!" – „Na ja, eigentlich, Ballainvilliers. Nur zwanzig Minuten per Bus zur Bahn. Dann direkt zur Gare du Nord, dreißig Minuten."

„Frankfurt/Main!"– „Na ja, eigentlich gleich außerhalb. Nur dreißig Minuten, ohne Verkehr."

Das „Na ja, eigentlich …" ist selbstverständlich relativ. Potsdam ist zwar nicht Berlin, doch leicht erreichbar ist es allemal – mit der Bahn oft schneller als mit dem Auto. Und im Übrigen ist Potsdam nicht gerade neu, sondern existiert seit dem Mittelalter.

Great Neck Gardens hingegen ist definitiv nicht New York City, und leicht zu erreichen ist es auch nicht. Der Bus zur Bahn kommt einmal pro Stunde, die Bahn in die Stadt braucht dann noch eine Stunde. Per Auto dauert es vierzig Minuten – am Sonntagmorgen, ohne Verkehr. Wochentags darf man eine Stunde lang Autoradio hören, pro Richtung, plus/minus 15 Minuten. Für Frühstück und Abendessen mit den Kindern wird die Zeit da schon knapp; ein kleiner Bissen mit den Arbeitskollegen vor dem Abendessen mit der Familie zu Hause kommt zeitlich ohnehin nicht in Frage.

Mittlerweile lebt rund die Hälfte aller Amerikaner in *Suburbs*. Je nach Definition fehlt auch in vielen Teilen Europas nicht viel auf diesen Anteil, Tendenz fast überall steigend.

Abschottung und der Quadratmeterzwang

Suburbs sind in vielerlei Hinsicht eine amerikanische Erfindung. Die Formel ist relativ einfach: Man nehme den stetig steigenden Wohlstand der Nachkriegszeit, füge die Erfindung des Automobils und dessen Massenproduktion hinzu, addiere eine Prise traditionelles Familienbild, vermische alles mit einer starken Dosis Rassismus – et voilà: *Suburbia*.

Zunächst geht es dabei oft „nur" ums Geld. Great Neck Gardens etwa rangiert konsequent unter den „besten" New Yorker Suburbs. Die Gründe: gute Schulen, „Familienfreundlichkeit", gut für „Gesundheit und Fitness". Letzteres scheint damit zusammenzuhängen, dass es innerhalb der Ortsgrenzen einen Park (wohlgemerkt: *genau* einen) gibt. Am Samstag spielen dort Kinder Fußball, Erwachsene Tennis. Grundsätzlich sind die Nachbarn einander bekannt; die Einwohnerzahl liegt bei etwa 1200.

So richtig kennen einander aber die wenigsten. Und trotzdem weiß jeder, der in Great Neck Gardens wohnt, dass man wie alle anderen der 1200 Einwohner gewisse gemeinsame Kriterien erfüllt. Vornehmlich geht es dabei um das Einkommen. Das durchschnittliche Haus hat hier drei bis vier Schlafzimmer, zwei bis vier Badezimmer. Kostenpunkt: 1 bis 1,5 Millionen Dollar. Gerade recht für die obere Mittelschicht: Rechtsanwältinnen, Familienärzte, Prokuristinnen, Verkaufsleiter – in der Regel zwei Lohnempfänger, zwei Kinder, 200 Quadratmeter, zwei Garagen, zwei Autos.

Die niedrigste Note im inoffiziellen, von Immobilienmaklern erstellten Nachbarschaftszeugnis gibt es neben den hohen Lebenshaltungskosten und der hohen Pendelzeit für den Faktor „Diversität". Ob das nun ein Nachteil oder für viele ein kaum verheimlichter Vorteil ist, ist wohl Ansichtssache.

Diversität – oder vielmehr deren Mangel – ist im historischen Kontext das, was für manche die echte Attraktivität von Vororten ausmacht. Die Großstadt New York ist divers, mehr als die meisten anderen Städte. Probleme gibt es zur Genüge, und auch die reichsten Stadtteile Manhattans sind überwiegend weiß geprägt und entsprechend „exklusiv" – doch das ist relativ: Man muss hier meist nur drei Häuserblocks weitergehen, um Abwechslung zu finden. Für Diversität bedarf es nur, die Wohnungstür zu öffnen.

In *Suburbia* ist das meist ganz anders: Jedes Haus, jede Straße ist wie die nächste. Great Neck Gardens lässt sich kaum von Great Neck, Great Neck Estates, Saddle Rock Estates oder den sonstigen reichen Vororten rund um New York unterscheiden. Der einzige echte Unterschied ist der jeweilige Schulbezirk, vielleicht auch noch die örtliche Müllabfuhr: Hier wird Plastik von Papier getrennt, da nicht. Neuer Stadtbezirk, neue Lokalregierung, neues System. Ansonsten zählt in den verschiedenen Nachbarschaften nur noch, welchem Lokalbahnhof und welcher Highway-Ausfahrt sie näher liegen. Ein Auto braucht man da wie dort täglich.

Die mehrheitliche politische Einstellung ist in Great Neck Gardens dennoch progressiv, oder vielleicht auch gerade deshalb: Progressiv zu sein ist einfach, wenn Diversität etwas Abstraktes, relativ Fernes ist. In Great Neck Gardens ist das formale Ausschlusskriterium klar: Geld.

***

In anderen Vororten ist das Kriterium mitunter noch klarer. Levittown, New York, benannt nach dem Immobilienentwickler Abraham Levitt, wurde zum Archetyp des amerikanischen

Vorortes; es liegt ein paar Vororte weiter von New York City entfernt als Great Neck Gardens. Die Häuser, die hier kurz nach dem Zweiten Weltkrieg errichtet wurden, sahen alle gleich aus: massenproduziert, gleichförmig, mit Garage und Rasen. Die Bewohner sahen ebenfalls alle gleich aus – das stellte eine Klausel im Pachtvertrag sicher: Keines der Häuser durfte durch Nicht-Weiße bewohnt werden. Der Staat unterstützte diese Klauseln aktiv.[83] Diese Art der Diskriminierung ist zwar längst illegal, doch ihr Vermächtnis wirkt bis heute nach: Städte sind divers, *Suburbia* meist weiß.[84] Und selbst dort, wo Vorstädte und Vororte nicht gänzlich weiß sind, wird Politik oft mit Blick auf ebendiese Gruppe gemacht, zum Nachteil aller anderen.[85]

Beim politischen Wahlverhalten liegen die *Suburbs* in den Vereinigten Staaten – wie fast überall – ebenfalls zwischen Stadt und Land. Manche sind durchwegs progressiv, manche konservativ; oft leben genau dort die Wechselwähler, die Wahlen entscheiden. Kein Wunder also, dass Politik oft mit Blick auf *Suburbia* betrieben wird – zum Nachteil von Stadt, Land und Klima.

Dabei spiegelt sich die zunehmende politische Polarisierung im Wohnort wider, für den sich jemand bewusst entscheidet. In den Vereinigten Staaten hat das Phänomen des *Big Sort*, der „großen Sortierung", inzwischen zu einer immer stärker segregierten Gesellschaft geführt – nicht so sehr in verschiedenste große Regionen und Bundesstaaten, sondern von Ort zu Ort, von Vorort zu Vorort.[86] Der Titel eines Buches des Politologen Robert Putnam – „Bowling Alone" („Alleine kegeln") – beschreibt dieses Phänomen sehr prägnant: Immer weniger Menschen üben den Sport im Rahmen einer Bowling-Liga aus, was mit der Abnahme sozialer Interaktion und gesellschaftlicher Debatten einhergeht. Dabei schrieb Putnam dieses Buch bereits gegen Ende des letzten Jahrhunderts, lange bevor uns Facebook und iPhones zu Social-Media-Zombies gemacht haben.

„Alleine kegeln" ist ein spezifisches Phänomen von *Suburbia*: Sowohl in der Stadt als auch am Land gibt es das kaum. Einsiedlertum einmal ausgenommen, das Gefühl der Zusammengehörigkeit ist im kleinen Dorf unumgänglich: Wenn sich alle kennen, ist anonym zu sein schwer. In der Stadt mag Anonymität zwar einfacher sein, doch alleine zu kegeln ist ebenfalls selten. Anderen zu begegnen, lässt sich hier kaum vermeiden.

Im großen Einfamilienhaus in Vorort oder Vorstadt hingegen kann man sich viel leichter dem Rest der Welt verschließen. Das städtische Freibad wird durch den Pool im eigenen Garten ersetzt, die abendliche Kegelrunde durch den eigenen Spielkeller, der Gang zum nächsten Café durch Einweg-Kaffeekapseln. „Soziale" Netzwerke findet man im Internet.

***

Am Ende geht es beim Drang, in *Suburbia* zu wohnen, vor allem um eines: um Quadratmeter. Oder besser gesagt: den Drang nach mehr Quadratmetern. Wie die berühmt-berüchtigten amerikanischen *McMansions* zeigen, gibt es dabei scheinbar keine Obergrenze. Die aktuell 200 Quadratmeter Durchschnitt pro amerikanischer Familie scheinen nur eine Zwischenstation zu noch mehr zu sein, die 110 Quadratmeter deutscher Durchschnitt ebenso.[87]

Warum eigentlich das vierte Schlafzimmer – vom vierten Bad oder dem dritten Wintergarten einmal ganz abgesehen? Aus praktischer Sicht weiß das niemand so genau. Für den täglichen Eigenbedarf braucht die durchschnittliche, vierköpfige Familie das vierte Schlafzimmer definitiv nicht. Aber das haben alle unmittelbaren Nachbarn hier. Es gehört eben dazu.

Gesellschaftliche Normen spielen eine große Rolle. Wirtschaftliche Faktoren sind aber ebenso wichtig: Die Bank vergibt gerne den größeren Kredit, der Makler verkauft gerne das größere Haus, die Autofirma gerne das zweite, größere Auto – und der viele Platz in *Suburbia* macht es alles möglich.

Suburbane Politik

Auch die Politik spielt eine große Rolle. Es sind die Anreize und das umfassendere System, die oft den Unterschied machen.

Direkte finanzielle Anreize haben steuernde Wirkung: Wohnbauförderung plus Pendlerpauschale machen *Suburbia* attraktiv, Wohnungsförderung und andere direkte Zuschüsse wiederum das Stadtleben. Gratisparkplätze in der Stadt sind eine klare Subvention für Vorstädter, mehr Fahrradwege hingegen oft ein großer Vorteil für Stadtbewohner.[88]

Positive wie negative Beispiele gibt es reichlich: Die progressiven Wohnungsförderungen in Wien etwa sind äußerst lobenswert. Die Seestadt Aspern, der neue Stadtteil Wiens, wird künftig attraktive Wohnungen für 20.000 Menschen bereitstellen. Doch dann gibt es im Wiener Umland auch den neuen Bahnhof Tullnerfeld: Die Zugfahrt von dort zum Wiener Hauptbahnhof dauert zwanzig Minuten. Rund um den Bahnhof: Parkplätze und Parkgaragen für Pendler, die in der großen Stadt arbeiten.

Sonst gibt es um den Bahnhof derzeit vor allem eines: Wiesen und Felder. Die historische Stadt Tulln, eine der ältesten Städte Österreichs, ist knapp zehn Kilometer entfernt. Die Idee des neuen Bahnhofes ist es, dass viele dieser landwirtschaftlichen Nutzflächen in den nächsten Jahren und Jahrzehnten sukzessive in Bauland umgewandelt werden: Einfamilienhäuser mit Gärten und Garagen.

Hier wird bereits eine neue Straße gebaut, eine Umfahrung für den bestehenden Ort mit den zu engen Kurven. Dort weicht der Einzelhändler im Ortskern dem größeren Supermarkt am Ortsende. Autohändler und Reifencenter machen mehr Geschäft. Der erste Swimmingpool-Händler versucht ebenso sein Glück, gleich neben dem neuen Möbelmarkt. Bald entsteht das erste echte Shoppingcenter – und so wächst die weite Fläche zwischen der alten Stadt Tulln und dem neuen Bahnhof Tullnerfeld zusehends zu einem großen Vorort zusammen. Alles durch diesen einen Bahnhof in die Wege geleitet.

Dieser Prozess könnte selbstverständlich politisch gesteuert werden, um etwa die Stadt Tulln selbst zu erweitern, als eigentliche Stadt. Manche Vorstädte haben vielleicht sogar das Potenzial, echte Städte zu werden. Bei Vororten jedoch gilt das generell nicht:

Aus *Suburbia* ist es schwer zu entkommen. Die *Lock-in*-Effekte sind meist zu stark, die Politik zu schwach. Dabei wäre die Politik gefragt, die richtigen Anreize zu setzen, um die Entstehung von *Suburbia* von vornherein zu vermeiden.

Vorausschauende Stadt-, Verkehrs- und Infrastrukturplanung weist nicht nur den unmittelbaren Weg – sie lenkt die Geschicke auf Jahrzehnte hinaus.

Jedes Mal, wenn eine Familie aus der Stadt in das Einfamilienhaus in einem Vorort zieht, bedeutet das eine weitere Zersiedelung des Landes. Jedes Mal, wenn diese Familie statt ins Tullnerfeld in die Wiener Seestadt Aspern zieht, erneuert sich die Stadt. Vielleicht erweitert sie sich auch, aber es ist eben immer noch die Stadt – und nicht der als Land verkleidete Vorort.

***

In vielen Belangen sind Kompromisse die beste Lösung: nicht zu heiß, nicht zu kalt, gerade recht. Für *Suburbia* gilt leider das Gegenteil: Es gibt dort weder ländliche Ruhe und Erholung noch städtische Effizienz und andere positive Effekte. Manchmal ist es besser, wenn der Kaffee heiß und das Bier kalt ist – lauwarm schmeckt weder das eine noch das andere.

Teil III

WAS

Über lokales Essen und globales Denken, Quadratmeterfragen und Bumerang-Effekte, Abenteuerreisen, die Qual des Pendelns und Mobilität als Chance

5 Essen

Lokal essen?

Vor einigen Jahren, zwölf vielleicht, als Siri und ich zum ersten
Mal den Bauernmarkt am New Yorker Union Square besuchten,
kamen wir mit Gemüse für die ganze Woche wieder nach Hause:
Salat, Karotten, Tomaten, Spargel – was gerade Saison hatte. So
genau kann ich mich nicht mehr erinnern. Wer tut das auch,
wenn es „nur" um alltägliche Lebensmittel geht? Doch woran wir
beide uns bis heute eindrücklich erinnern, ist das kleinste, teuerste
und zugleich beste Glas Honig, das wir damals – als frisch geba-
ckene Studienabsolventen – je gekostet hatten. Preis ist relativ, der
Geschmack war es in diesem Fall aber nicht: Dieser Honig alleine
war die dreißigminütige U-Bahn-Fahrt vom Norden Manhattans
zum Union Square im Süden der Insel wert.

Wir kamen fast jede Woche wieder. Bauernmärkte gibt es in
Manhattan zwar einige, diesen Honig allerdings gab es nur dort.
Der Imker namens David Graves war so etwas wie ein äußerst
lokaler Promi: Seinen Namen kannten zwar die wenigsten, doch
viele hatten schon vom Imker gehört, der seine Bienenstöcke auf
den Dächern New Yorks betreute.[89]

Im Jahr 2013 zogen wir von New York vorübergehend
zurück nach Cambridge in Massachusetts. Siri hatte dort ihre
erste Stelle als ausgebildete Gynäkologin gefunden, an der
Harvard Medical School. Wir fühlten uns beide wohl. Den
nächsten Bauernmarkt gab es nur zehn Minuten Fußweg von
zu Hause entfernt, auch das war eine Verbesserung. Wir weinten
nur ein wenig dem Honig vom Union Square nach: Am Tag vor

dem Umzug aus New York hatten wir noch ein extragroßes Glas gekauft und uns vom Imker, den wir mittlerweile persönlich kannten, verabschiedet.

In Cambridge eingenistet, gingen wir an einem der ersten Freitage zum lokalen Bauernmarkt. Unser Kühlschrank war leer. Wir wussten nur, dass wir diesmal keinen Honig brauchten; das große Glas aus New York hatte den Umzug zum Glück unversehrt überstanden. Doch kaum am Bauernmarkt angekommen – er war viel kleiner als der in New York –, entdeckten wir den vertrauten Honigstand: Es war Imker Graves! Er blickte uns überrascht an: „Hey, aren't you my favorite New Yorker family?" („Seid ihr nicht meine New Yorker Lieblingsfamilie?")

Nach einem kurzen Gespräch ließ er uns nicht ohne ein kleines Gläschen Honig gehen – dieselbe Größe, die wir uns fünf Jahre zuvor kaum leisten konnten. Diesmal war es sein Will-kommensgeschenk. Und wir nahmen von seinem Stand auch noch etwas für den Kühlschrank mit: Seine Waldbeerenkonfi-türe schmeckt ebenso besonders wie der Honig. Kein Wunder, dass er sowohl in New York als auch in Cambridge seine Stamm-kunden hat.

***

Zwischen New York und Cambridge liegen fast 350 Kilometer. Sowohl Bahn- als auch Autofahrt dauern um die vier Stunden. Imker Graves wohnt im Westen des Bundesstaates Massachusetts: Für ihn sind es 250 Kilometer oder drei Stunden nach New York, 200 Kilometer oder knapp zwei Stunden nach Cambridge. Jeden Mittwoch und Samstag geht es für ihn nach New York, am Freitag nach Cambridge.

Der Honig schmeckt da wie dort fantastisch. Doch wirklich „lokal" ist er nicht: Selbst die paar Honigernten im Jahr, die auf den Dächern New Yorks stattfinden, werden 250 Kilometer weiter nördlich, in Graves' Heimatstadt, aufbereitet und in Gläser verpackt. Der „lokale" Honig am städtischen Bauernmarkt – produziert von New Yorker Bienen – reist also vor seinem Verkauf in New York bereits 500 Kilometer weit, noch dazu im nicht allzu benzinsparenden Kleinbus, der bereits einige Jährchen auf dem Buckel hat. Auf jede der Fahrten zu den verschiedenen städtischen Bauernmärkten kommen ein paar hundert Honig- und Konfitürengläser mit. Die Klimabilanz des gesamten Transportes ist entsprechend schlecht.

Vom Geschmack einmal abgesehen: Die Klimabilanz des Honigs im Supermarktregal ist höchstwahrscheinlich um einiges besser. Er ist zwar möglicherweise über noch weitere Distanzen gereist, Hunderte oder auch Tausende Kilometer. Doch der Sattelschlepper aus dem fernen Kalifornien hat deutlich mehr Honiggläser geladen, die er von der West- zur Ostküste bringt.

***

Was für Honig gilt, das gilt auch für Äpfel, die im Frühjahr von der südlichen Hemisphäre eingeflogen werden – aus Südamerika für nordamerikanische Regale, aus Südafrika für manche europäische.

Selbstverständlich ist der echte lokale Apfel – nämlich jener vom Baum vor der Haustür – auch der mit den niedrigsten CO_2-Aufwendungen für den Transport. Allerdings ist dieser Apfel fast immer Utopie: Einerseits gibt es lokale Äpfel nur für ein paar Wochen im Jahr, im Spätsommer und Herbst. Eine klimafreundliche Antwort wäre, Äpfel wirklich nur dann zu essen: Sich lokal *und* saisonal zu ernähren, ist oft die klimafreundlichste Variante. Allerdings bedeutet das auch Abstriche: Woher kommt dann der sprichwörtlich vom Arzt verschriebene Apfel pro Tag? Lokale Äpfel im Frühjahr zu verzehren bedeutet, dass diese oft einige Monate im Kühlhaus verbracht haben müssen. Das schadet einerseits Frische und Geschmack, andererseits der CO_2-Bilanz.

Die Frage, ob „lokal" wirklich besser für das Klima ist, ist daher oft nicht so einfach zu beantworten. Der „lokale" Honig vom Bauernmarkt, der frühmorgens bereits 250 Kilometer weit gereist ist, mag ein Extrembeispiel sein. Doch auch bei viel „lokaleren" Waren summieren sich die CO_2-Emissionen, die beim Transport anfallen – das Hauptaugenmerk liegt dabei selten auf effizientem Transport. Der Sattelschlepper hingegen, der dicht bepackt den halben Kontinent – egal ob Amerika oder Europa – durchquert, ist pro Apfel (oder sonstigem Erzeugnis) viel effizienter als der Landwirt, der mit ein paar Kisten im Kofferraum zum Markt fährt. Dasselbe gilt oft sogar für den vollgepackten Jumbojet. (Der Fruchtkorb freilich, der für Passagiere in der ersten Klasse vorgesehen ist, beziehungsweise der einzeln in Folie verpackte Apfel für die hinteren Reihen ist wieder eine gänzlich andere Frage.)

Dazu kommt, dass uns viele „gewohnte" Erzeugnisse ohne lange Transportwege gar nicht zur Verfügung stünden. Neben der manuellen Espressomaschine am Tresen in unserer Küche steht eine manuelle Orangenpresse. Beide Geräte wären ohne lange Transportwege für die entsprechenden Produkte, die damit verarbeitet werden, nutzlos: Selbst im 250-Kilometer-Radius rund um New York werden weder Kaffeebohnen noch Orangen angebaut – zumindest nicht im Freien und zur Ernte. Die Orangen im Gewächshaus mögen für den botanischen Garten attraktiv sein.[90] Für den Konsum sind sie jedoch weder finanziell noch im Hinblick auf das Klima ein Gewinn. Dabei liegt New York etwa am selben Breitengrad wie Madrid und ist bereits in der subtropischen Klimazone.[91] (Von Wien ohne Kaffee oder Schokolade sprechen wir lieber gar nicht.)

***

Lokal ist – und schmeckt – gut und richtig. Selbst die globalsten aller Früchte sind oft relativ lokal: Bananen sind die beliebtesten Früchte der Welt. Über 100 Milliarden Bananen werden weltweit jährlich verzehrt. Das macht sie zum globalen Exportmeister unter den Früchten; keine andere Frucht wird so oft exportiert.[92] Doch keine andere Frucht wird auch so oft im eigenen Land gegessen: Bananen werden in 150 Ländern geerntet – und 85 Prozent davon werden im eigenen Land verzehrt. Die Hälfte des weltweiten Bananenkonsums entfällt auf Indien, China, Brasilien und Indonesien – große Bananenproduzenten, die aber kaum Bananen exportieren.

Ist es nun insgesamt schlecht, in unseren Breiten Bananen zu essen? Die wirkliche Frage lautet: Verglichen womit? Mike Berners-Lee, der Autor des Buches „How Bad are Bananas?" („Wie schlecht sind Bananen?"), stellt fest, dass jede Banane, die in unseren Breiten konsumiert wird, für rund achtzig Gramm CO_2 verantwortlich ist.[93] Das ist relativ wenig – Bananen haben insgesamt eine relativ gute Klimabilanz: Ein Kilogramm Kiwis aus Neuseeland etwa zeichnet für zwei Kilogramm CO_2 verantwortlich, verglichen mit einem halben Kilogramm CO_2 für ein Kilogramm Bananen. Überraschender ist, dass selbst Äpfel aus Neuseeland, die dann etwa in Großbritannien konsumiert werden, weniger CO_2-Ausstoß verursachen können als lokale Äpfel.

Der Grund dafür: Der jeweilige Transport ist nur ein kleiner Teil der gesamten CO_2-Bilanz. Ebenso zu berücksichtigen sind die Verwendung von Dünge- und Schädlingsbekämpfungsmitteln, ob die Frucht im Glashaus wächst und ob sie vor Verkauf und Konsum im Kühlhaus gelagert wird. Dabei wird es schnell kompliziert. All das lässt Bananen jedenfalls – verglichen mit vielen anderen Produkten – äußerst gut dastehen: Meist kommen Bananen im dicht beladenen Schiff, was die CO_2-Bilanz im Vergleich zum Flugzeug um 99 Prozent verbessert. Und zu guter Letzt haben Bananen ebenso wie Orangen und viele andere tropische Früchte ihre eigene natürliche Verpackung – sie zusätzlich in Plastik zu verschweißen, wäre zu viel des Guten. Auch das spart sowohl Müll als auch CO_2.

Global denken

Transportemissionen haben in der Stadt besondere Relevanz. Hier wird grundsätzlich alles von irgendwoher importiert. Und damit meine ich nicht nur, dass die Kiwi oder vielleicht sogar der Apfel manchmal aus Neuseeland kommt. Selbst der „lokale" Apfel kommt zumindest vom umliegenden Land.

Zwar gibt es mittlerweile „hyperlokale" und ähnliche Trends. Doch diese sind meist nur das: Modeerscheinungen. Natürlich kann das Basilikum oder der Schnittlauch gerne am eigenen Fensterbrett wachsen; auch die Tomaten aus dem eigenen Garten oder von der Dachterrasse schmecken im Sommer herrlich: drei Monate Sonne, und schon kann man hauseigene Tomaten ernten, die gleich als äußerst schmackhaftes Experiment für den Biologie-Heimunterricht dienen.

Doch die Idee einer völlig autarken Stadt führt in die Irre. Vertikale Stadtgärten sind angesagt und sehen schön aus; auch für die lokale Natur und für das städtische Mikroklima sind sie positiv. Für das Weltklima bedeuten vertikale Stadt-gärten allerdings nichts Gutes.

Der Energieaufwand, die Zeit und die allgemeinen Ressourcen, die nötig sind, um an Hauswänden Salat zu züchten, treiben die CO_2-Emissionen in die Höhe. Was an Transportemissionen mit dem Stadtsalat eingespart wird, macht die generelle Ineffizienz des vertikalen Salatanbaus mehr als wett.[94]

Das Zauberwort lautet: Effizienz. Land ist in der Stadt einfach zu wertvoll, um es für Gemüseanbau zu verwenden. Das umliegende Land gilt zu Recht als wertvolle Ressource und Nahrungs-quelle für die Stadt. Das bedeutet freilich nicht radikale agrarische Effizienz in Form von intensiven Monokulturen – auch hier ist

Balance nötig. Doch städtische Landwirte sind aus gutem Grund eine Seltenheit.

Das Prinzip ist dabei dasselbe, das Städte insgesamt so attraktiv macht: Effizienz und Spezialisierung. Sowohl Elektrizität als auch Essen kommen vom nahen – oder oft auch nicht so nahen – Land.

Das Beispiel begrünter Dächer zeigt die großen Zielkonflikte direkt auf: Ein mit Pflanzen begrüntes Dach – das vielleicht nebenbei als Gemüsedachgarten die eine oder andere Tomate liefert – bringt einige Vorteile, nicht zuletzt für das städtische Mikroklima. Und wenn das grüne Dach ein bisher ungenutztes schwarzes Dach ersetzt, ist das eine echte Win-win-win-Situation: ein Gewinn für das Klima, für das Wohngefühl und für die Geldbörse. Grüne Dächer helfen schließlich, winterliche Heiz- oder zumindest sommerliche Kühlkosten zu sparen.

Allerdings schließt ein grünes Dach andere Nutzungsarten aus – etwa eine Solaranlage. Diese würde höchstwahrscheinlich CO_2-Emissionen einsparen, sofern die Energie im Stromnetz nicht ohnehin CO_2-neutral produziert wurde. Doch Solaranlagen sind wiederum schwarz: Für das unmittelbare städtische Mikroklima sind sie verglichen mit dem grünen Dach ein Schritt zurück.

Die dritte Möglichkeit wäre, die Dächer weiß zu streichen oder sie mit reflektierenden Materialen zu versehen. Die hübschen Mittelmeerorte tragen ihre weißgetünchten Dächer nicht nur für Touristenfotos, sondern folgen einem klimatechnischen Prinzip: Die weiße Farbe reflektiert Sonnenstrahlen und kühlt damit das darunterliegende Haus. Das senkt die sommerlichen Kühlkosten um bis zu zehn bis dreißig Prozent und damit auch meist die CO_2-Emissionen.[95] Produziert wird auf weißen Dächern allerdings auch nichts – weder Strom noch Tomaten.

Manche progressiven Städte verlangen mittlerweile, dass alle Neubauten mit grünen Dächern versehen sind. Andere schreiben Solaranlagen vor oder schaffen entsprechende Anreize. Manche

Initiativen wie *CoolRoofs* in New York schaffen auch Anreize für weiße Dächer. Weiß, grün oder Solar stehen dabei im direkten Zielkonflikt – was also tun?

Die Antwort lautet: Es hängt vom jeweiligen Gebäude und vom Standort ab. Alte, schlecht isolierte Gebäude profitieren meist am stärksten von weißen Dächern; das führt auch zu den größten CO_2-Einsparungen durch niedrigere Kühlkosten im Sommer. Bestens isolierte neue Passivhäuser wiederum sind mit Solaranlagen am Dach gut beraten. Und Dachbegrünung ist vor allem im städtischen Kontext von Vorteil, wo sonst Beton dominiert und insgesamt wenig Grün vorhanden ist.

Was hat das alles nun mit Essen zu tun, außer dass grüne Dächer gelegentlich auch Salat produzieren? Es geht hier wie dort um die richtige Mischung. Und es geht darum, zu realisieren, dass Städte nicht vollkommen autark sein können – und aus Klimasicht auch gar nicht sein sollen. CO_2-Emissionen zu importieren, ist nicht nur in Ordnung: Es ist oft sogar die bessere Wahl, um CO_2 insgesamt zu reduzieren.

Intensive versus extensive Veränderungen

Effizienz ist gut, solange Effizienz alleine nicht zu mehr Konsum führt. Das Prinzip, das dahintersteckt, lässt sich anhand eines einfachen Beispiels erklären: Selbst wenn wir unsere Nahrungsmittel auf effiziente Weise produziert und zu uns transportiert haben, bedeutet das noch lange nicht, dass wir persönlich auch mehr davon essen sollten. Das ist der Unterschied zwischen *intensiven* und *extensiven* Veränderungen: „Intensiv" bezieht sich hier auf die Essensmenge pro Kilogramm CO_2-Emissionen. Dabei ist klar, dass effizienteres Essen auch besser ist (vorausgesetzt, die Qualität leidet nicht). „Extensiv" hingegen bezieht sich auf die Menge an Essen insgesamt.

Im Kontext von Kalorien ausgedrückt, klingt das recht einleuchtend. Angenommen, jede Person isst täglich bereits genug, um ihren Kalorienbedarf zu stillen (es geht also nicht darum, dass günstigeres Essen zunächst den Hunger lindern soll): Günstigeres Essen bedeutet dann selbstverständlich nicht, dass man plötzlich mehr Kalorien zu sich nehmen sollte.

In vielen anderen Belangen – etwa bei der Wohnfläche, bei Reisen oder beim Konsum im Allgemeinen – ist das jedoch nicht mehr so selbstverständlich: Verbesserungen bei der *intensiven* Effizienz führen oft direkt zu einem Mehr an Konsum. Der Preis pro Quadratmeter Wohnfläche sinkt – plötzlich möchte man mehr Quadratmeter. Die Kosten pro Flugkilometer sinken – plötzlich möchte man weiter weg verreisen. Der Preis für Mode oder sonstige Konsumgüter sinkt – plötzlich konsumiert man mehr.

Das Prinzip ist mit anderen Worten einfach das Gesetz der Nachfrage: Der Preis sinkt, die Nachfrage steigt. Das ist allzu verständlich – sowohl aus ökonomischer als auch aus menschlicher Sicht: „Ich wollte immer schon nach Neuseeland! Und jetzt sind die Flüge billiger – also los geht's!" Schon schnellen die CO_2-Emissionen in die Höhe.

Die große Klimafrage im Hinblick auf CO_2-Emissionen ist, ob eine *intensive* Verbesserung nicht gleichzeitig insgesamt zu *extensiven* Erhöhungen führt. Wie gesagt: Beim Essen ist dies typischerweise nicht der Fall, denn das machen die Kalorien – und das daraus resultierende Körpergewicht – klar. Die Devise lautet: Qualität, nicht Quantität!

Bei Flugreisen hingegen verhält es sich schon anders: Je effizienter das Flugzeug ist, desto billiger ist es, weiter zu fliegen. Effiziente Flugzeuge ermöglichen überhaupt erst bestimmte Fernflüge. (Mittlerweile sprechen wir nicht nur von Überseeflügen – der ersten Hochzeitsreise ins Weltall wird bald nichts mehr im Wege stehen.) Bei der Wohnfläche gilt das ebenso, wie der Drang nach immer mehr Quadratmetern zeigt. Hier mag die Obergrenze, wie bei den Kalorien, schon etwas offensichtlicher sein – oder zumindest sollte sie das sein: Ob nun 70 oder 100 Quadratmeter die ideale Größe für eine vierköpfige Familie sind, mag individuell unterschiedlich beantwortet werden. Doch dass die ideale Quadratmeterzahl nicht bei 700 oder gar 1000 liegt – und dass vielleicht selbst 170 Quadratmeter viel zu groß wären (wer soll das alles putzen?) –, sollte klar sein.

Die große Frage in den beiden nächsten Kapiteln (zu „Wohnen" und „Mobilität") wird sein, wie dieser allgemeine Drang nach mehr in die richtigen Bahnen gelenkt werden kann – etwa wie beim Essen und den Kaloriengrenzen. (Es muss ja wirklich jemand putzen, und der Tag hat überall nur 24 Stunden.)

Von individuellen Schritten zum politischen Umdenken

Was soll man nun essen? Meine Antwort lautet: Was einem schmeckt und gesund ist – und die Energie gibt, um am echten Klimaproblem zu arbeiten! Natürlich ist lokal *und* saisonal *und* biologisch gut. Es schmeckt auch meist besser und ist gesünder. Das heißt aber nicht, dass man im Frühjahr den Apfel verschmähen muss – Bananen, Orangen oder Kaffee ebenso wenig. (Und auch nicht den Honig vom Bauernmarkt, nur weil der doch nicht so „lokal" ist, wie es der erste Eindruck vermuten ließ.)

Wenn ein Restaurant namens *Just Salad* eine „klimatarische" Speisekarte (*Climatarian menu*) anbietet, auf der für jedes Salatgericht die „Kilogramm CO_2" angegeben werden, dann ist das auf den ersten Blick vor allem eines: gekonntes Marketing. In ein Restaurant mit diesem Namen geht ohnehin nur eine ganz bestimmte Klientel. Und die geht vielleicht noch lieber hin, wenn sie ihren Mittagssalat mit Kilogramm-CO_2-Angabe auf Instagram verewigen kann.

Dass bei *Just Salad* an bestimmten Tagen die Salate auch noch gemäß ihrem CO_2-Gehalt verrechnet werden – ein Salat mit 0,41 Kilogramm CO_2 kostet 4,10 Dollar, einer mit 0,52 Kilogramm CO_2 kostet 5,20 Dollar –, könnte man als noch größeren Marketing-Gag abtun. Einerseits ist es das auch. Doch gleichzeitig weist es auf tatsächliche Lösungen hin: Wir *alle* sollten mehr für Essen und andere Produkte bezahlen, die eine schlechtere CO_2-Bilanz haben – und weniger für vergleichbare Produkte mit besserer CO_2-Bilanz. Bei *Just Salad* tun das nur jene, die ohnehin schon klimafreundliche Salate zu Mittag essen – doch es ist immerhin ein kleiner positiver Schritt in Sachen Klimaschutz. (Dass die Restaurantkette mittlerweile alleine in New York rund 25 Standorte hat und noch einmal so viele in einigen anderen Städten, von Chicago bis Dubai, ist dabei ein gutes Zeichen: gesundes Essen *und* gutes Marketing. Dass *Just Salad* nur eines von vielen dieser neuen Fast-Casual-Restaurants ist, ist noch besser.)

Möglichkeiten, um CO_2-Emissionen bei Lebensmitteln einzusparen, gibt es zur Genüge.[96] Nahrungsmittelabfälle zu vermeiden, ist gut und richtig – es spart Geld, Müll und CO_2 –, vegetarisch zu leben ebenso. (Ich selbst bin seit kurz nach Weihnachten 2009 Vegetarier, meine Frau Siri seit kurz davor: Sie hatte ihr Geschenk an mich – das Buch „Eating Animals" von Jonathan Safran Foer, in der deutschen Übersetzung „Tiere essen" – schon gelesen, bevor sie es mir unter den Weihnachtsbaum legte.[97])

Der Versuch, moralisch und ethisch korrekt zu leben, ist ein richtiger Schritt; mit gutem Beispiel voranzugehen ebenso. Bewusst *un*moralisch zu leben, ist genau das: unmoralisch. Allerdings liegt oft nur ein kleiner Schritt zwischen moralischem Verhalten und Moralisieren – zwischen Prinzipien und Prinzipienreiterei.

Dazu kommt, dass das individuelle moralische Leben, das sich auf einzelne Handlungen beschränkt, auf globale Klimasicht kaum einen Unterschied macht. Es geht letztlich um Politik: um radikales politisches Umdenken.

***

Die Verbindung zwischen individueller Moral und Politik ist eine der folgerichtigsten überhaupt. Die Geschichtsbücher zeigen, wie wichtig oft der erste Schritt ist: Ob Mahatma Gandhi, Nelson Mandela oder auch Rosa Parks und Martin Luther King jr. – sie alle begannen ihren Weg, der zu politischen Reformen führte, mit individuellen Schritten, die ihnen vor allem moralische Autorität verliehen.

Die Politikwissenschaftlerin Erica Chenoweth hat in diesem Zusammenhang die „3,5-Prozent-Regel" formuliert, die auf ihrer Zusammenarbeit mit der Politikwissenschaftlerin Maria Stephan basiert:[98] Zwischen 1900 und 2006 waren einerseits gewaltlose Bewegungen doppelt so erfolgreich wie jene, die Reformen gewaltsam durchsetzen wollten. Andererseits zeigt ihre Forschung, dass im vergangenen Jahrhundert keine Bewegung gescheitert ist, die von mindestens 3,5 Prozent der Bevölkerung aktiv unterstützt wurde. Das ist eine gute Faustregel – doch was letztlich, vor allem in relativ kurzer Zeit, zu erfolgreichen politischen Reformen führt, ist allzu oft auch zufallsbedingt.

Ex-Präsident Barack Obama erzählte in einem Gespräch mit dem Stand-up-Comedian Jerry Seinfeld bei einer Tasse Kaffee, wie ähnlich sich Politik und American Football seien: „Es gibt viele Spieler, viel Spezialisierung, viel Schlagen, viel Kräfteverschleiß, viel Positionsgerangel … aber dann, von Zeit zu Zeit, eröffnet sich eine Chance" – dann ergeben sich plötzlich politische Möglichkeiten.[99] Für die Klimabewegung scheinen ähnliche Regeln zu gelten – oder auch nicht: Fortschritt ist in Sachen Klimapolitik weder in Europa und schon gar nicht den

Vereinigten Staaten linear. Die politischen Fortschritte kommen stoßweise.

Die Wahl Donald Trumps im Jahr 2016 war für diese Bemühungen ein großer Rückschritt. Andererseits half sie auch dabei, das Pendel 2020 wieder in Richtung viel größeren politischen Momentums zu schwingen.[100] Ohne Donald Trump etwa keine Greta Thunberg, die sich innerhalb nur weniger Monate als Spitze einer weltweiten Bewegung etabliert hat und dabei in Europa wie den Vereinigten Staaten viel positives politisches Momentum brachte. Sie selbst spielt dabei eine eindeutig moralische Rolle.

Thunberg selbst ist sich sehr bewusst, welche Rolle Signale, wie etwa ihr Segeltörn über den Atlantik, spielen. Sie behauptete etwa nie, dass ihr Segeltörn und ihr dadurch eingesparter Flug direkt einen Unterschied gemacht hätte. Sie hat damit schlicht aufgezeigt, wie schwierig es derzeit ist, CO_2-arm zu leben. (Der Segeltörn selbst war vielleicht sogar mit mehr CO_2-Emissionen verbunden, als es ein direkter Flug gewesen wäre.[101])

Letztlich geht es nicht um individuelle Klimamoral – es geht um Klimapolitik: darum, die CO_2-Emissionen im großen Maßstab zu senken. Das ist klarerweise sowohl Thunbergs Ziel als auch das der weltweiten Klimabewegung. Individuelle Schritte können eben nur das sein: Einzelaktionen von Einzelpersonen. Wenn diese Schritte die Politik im Großen in die richtige Richtung bewegen, umso besser. Wenn sie aber sogar das Gegenteil ihrer Absicht bewirken – etwa durch zu viel Moralisieren und Prinzipienreiterei –, dann sind sie vielleicht ein Schritt zurück.

Konkrete Beispiele dafür gibt es genug, etwa im Zusammenhang mit individueller CO_2-Kompensation: Wenn der freiwillige Kauf von CO_2-Zertifikaten nur eine Art Buße ist, dann führt das mitunter nicht zur Verringerung der Emissionen. Vielmehr bieten Fluglinien freiwillige CO_2-Kompensationen vor allem deshalb an, um selbst Umweltschützer davon zu überzeugen, dass es in Ordnung sei, zu fliegen. (Mehr dazu in Kapitel 8: Moral.)

Der deutlich bessere Weg ist, den Kauf von CO_2-Zertifikaten politisch zu regeln, statt sich auf freiwillige Beiträge zu verlassen. Zum Beispiel sind Flüge innerhalb der Europäischen Union mittlerweile vom EU-weiten CO_2-Emissionshandelsgesetz erfasst. Genau darum geht es: die CO_2-Reduktion in Gesetze zu gießen. Das EU-Emissionshandelsgesetz alleine ist dabei selbstverständlich nicht genug – doch es ist ein wichtiger Schritt in die richtige Richtung.[102]

6 Wohnen

Platz fürs Leben

In den letzten zwanzig Jahren – den ersten zwanzig unseres Erwachsenenlebens – haben Siri und ich neun verschiedene Adressen unser Zuhause genannt. Erst ging es von Cambridge im Bundesstaat Massachusetts nach Kalifornien und wieder zurück, dann nach New York und zu dritt zurück, und schließlich zu viert von Cambridge wieder nach New York. (Das wanderlustige Jungakademikerleben.) Darin noch nicht enthalten: die vier Monate, die ich meist allein in zwei „Wohnungen" in London verbrachte, welche diese Bezeichnung kaum verdienten. (Das wanderlustige Journalistenleben.) Außerdem fehlen noch ein paar weitere Monate in Hotels auf drei Kontinenten – E-Mail am Freitagnachmittag in New York: „Ihr nächster Einsatz ist in Kuala Lumpur; das erste Teamtreffen findet Montagmorgen statt." (Das wanderlustige Managementberaterleben.)

Für alle, die mitrechnen: Eigentlich wären das fünf Übersiedlungen zwischen verschiedenen Städten – mit sechs Adressen, nicht neun. Ein weiterer Umzug in Cambridge erfolgte innerhalb desselben Gebäudes von einer Wohnung im Erdgeschoss in den 13. Stock. Licht und Ausblick waren dort besser. Noch zwei Übersiedlungen kamen in New York dazu: Einmal ging es fünf Straßen weiter, einmal genau einhundert – wir brachten unser erstes Kind zur Welt, deshalb zogen wir in eine Wohnung direkt neben Siris Arbeitsplatz. (Siri hatte vier Wochen Elternzeit. Genau genommen waren es null – die vier Wochen waren eine spezielle Vereinbarung mit ihren Gynäkologie-Kolleginnen und -Kollegen. Meine eigenen drei Monate Elternzeit hatte ich meinem liberal eingestellten Arbeitgeber zu verdanken. Die Null- nummer in Sachen bezahlter Elternzeit teilen sich die Vereinigten Staaten nur mit Papua-Neuguinea und Surinam – ein Thema für ein eigenes Buch.)

Die Wohnung neben Siris Krankenhaus hatte einen weiteren Vorteil: Sie bot doppelt so viel Platz wie unsere vorherige. Den würde man – so glaubten wir – mit einem Kind brauchen. Unser Sohn Annan schlief freilich in den ersten beiden Jahren nur bei uns im Zimmer. Das zweite Schlafzimmer erwies sich dann als praktisch, wenn die frisch gebackenen Großeltern je einen oder zwei Monate lang auf „Enkeldienst" im Lande waren. Was wir hingegen mit dem überdimensionierten zweiten Wohnzimmer anfangen sollten, wussten wir nie genau. Als Spielzimmer war es groß.

In Cambridge zogen wir dann in eine Wohnung mit insge- samt vier Schlafzimmern – anfangs waren wir zu dritt, bald zu viert: Als wachsende Familie stand uns laut Uni eine Wohnung dieser Größe zu. Und im Lauf von sechs Jahren sammelten sich genügend Dinge an, um die 130 Quadratmeter zu füllen.

Eines dieser Schlafzimmer wurde zum Au-pair-Zimmer. Üblicherweise leben Au-pairs bei Familien in Vororten mit ent- sprechend großen Häusern. Die regionale Au-pair-Betreuerin war daher am Telefon zunächst eher skeptisch („Eine Wohnung? Hm, na ja, ich hatte da schon einmal so eine Familie."), doch nach persönlicher Begutachtung war sie überzeugt: „Oh, ihr habt ja wirklich Platz!" Ja, den hatten wir – es war unser Einblick in ein Leben nach aktuellem deutschen und europäischen Durchschnitt.

Von den insgesamt 130 Quadratmetern „gehörten" rund 20 exklusiv dem Au-pair. Über den großen Rest konnten wir eigentlich frei verfügen – doch fast unser gesamter Alltag, den wir zu Hause verbrachten, spielte sich in der 20 Quadratmeter großen Küche ab. Die Stunden, die wir produktiv im eigentlichen

Heimbüro arbeiteten, konnten wir an vier Händen abzählen. Am großen Esstisch im Wohnzimmer aßen wir ein paar Mal mit Besuch, sonst aber kaum: Einmal diente er dem etwas klein geratenen Weihnachtsbaum als Podest, ein paar Mal als Puzzlebrett, und einmal arbeitete ich einen ganzen Monat auf meinem Laptop dort statt im Uni-Büro (das fünf Gehminuten von zu Hause entfernt lag).

Den Rest der Zeit verbrachten wir in der Küche: Frühmorgens schrieb ich am liebsten am Küchentisch (hier war gleich die Kaffeemaschine). Die Kinder machten ihre Hausaufgaben dort, während Siri oder ich das Abendessen zubereiteten. Ihr Lieblingsplatz für Gesellschaftsspiele, Bausteinprojekte oder andere Aktivitäten: der Küchentisch. Unser Lieblingsplatz für Sonntagszeitung, Nachmittagskaffee oder ein Glas Wein am Abend: ebenso der Küchentisch.

Die 20 Quadratmeter waren oft etwas eng. Der Küchentisch war eigentlich nur für zwei von uns groß genug, um bequem Platz zu nehmen. Trotzdem saßen wir alle vier dort – manchmal auch zu fünft, wenn das Au-pair mit uns aß.

***

Nach sechs Jahren in Cambridge zogen wir zurück nach New York, in unser erstes Eigenheim. Das hieß, dass wir zum ersten Mal in unserem Leben mehr an unserer Wohnung selbst bestimmen konnten als nur die Glühbirnen und die Wandfarbe. Unsere Kriterien für die Wohnungssuche waren eindeutig: Alles, was sich später anpassen ließ, war zunächst sekundär. Entscheidend waren die Dinge, die wir nicht selbst verändern konnten: Lage, Licht und Größe.

Bei Lage und Licht war für uns klar: keine Kompromisse. Das zu sagen, ist natürlich purer Luxus. Was eine gute Lage ausmacht, ist zum Glück recht individuell: Manche wollen unbedingt einen bestimmten Bezirk („wenn nicht im fünften Bezirk, dann nirgendwo"), andere wiederum alles, nur nicht diesen („Paris liebend gern – nur nicht im Arrondissement N° 5"). Manche wollen an einem Park oder neben einer ganz bestimmten Schule wohnen, andere am liebsten so weit von jeder Schule entfernt wie möglich. Vorlieben – und Arbeitswege – sind verschieden, und das ist gut so.

Unsere eigenen Präferenzen bei der Lage waren ebenso speziell: In unseren früheren New Yorker Jahren hatten wir uns auf langen Wochenendspaziergängen oft in genau einer Straße wiedergefunden. Das war am Anfang purer Zufall, bald aber immer mehr geplante Spontaneität. Dass nun sowohl Siris als auch mein neuer Arbeitsplatz nur ein paar Straßen weiter lagen, war pures Glück.

Beim zweiten Kriterium, dem Licht, sind die Ansichten im Allgemeinen schon ähnlicher: tagsüber viel davon, in der Nacht möglichst keines. Weder das eine noch das andere ist in der Stadt garantiert – immer steht irgendwo ein Haus im Weg, das tagsüber seinen Schatten wirft und in dem nachts ein Licht brennt, das durch die Vorhänge hindurch auf den Wandspiegel fällt und es doch irgendwie schafft, einen kleinen Lichtstrahl direkt auf dem Kissen zu platzieren.

Lage und Licht hatten wir also für uns geklärt. Die wichtigste Frage war nun: die Größe.

Sind mehr Quadratmeter immer besser?

Inzwischen ist es kein Geheimnis mehr: Die Wohnung, für die wir uns entschieden haben, hat 70 Quadratmeter. In den Dokumenten stand, dass es sogar exakt 800 *square feet* seien, umgerechnet rund 74 Quadratmeter. Doch tatsächlich sind es ziemlich genau 750 Quadratfuß, 70 Quadratmeter eben. Das allein – diese offenbar bewusst etwas höher angesetzte Größenangabe – verweist bereits auf einen Teil des echten Problems: Größer gilt gemeinhin als besser.

Klar: Wenn wir bei einer 20-Quadratmeter-Wohnung für vier Personen beginnen, dann ist jeder weitere Quadratmeter objektiv besser. Zu viert auf 50 Quadratmetern wäre immer noch etwas eng. Es geht schließlich nicht um tugendhafte Askese.

Es geht um die ideale durchschnittliche Wohnfläche für eine vierköpfige Familie. Dabei wird schnell deutlich: Es scheint in der Realität keine echte Obergrenze zu geben. Die Grundannahme scheint zu sein, dass größer immer auch besser sei. Warum ist das eigentlich so? Genau dem möchte ich hier nachgehen.

***

Zuerst die Spielregeln: Ich beschränke mich auf das Beispiel einer vierköpfigen Familie – zwei Erwachsene (die auch gerne Zeit miteinander verbringen) plus zwei Kinder. Nein, nicht jede Familie sieht so aus. Und ja, zwei Erwachsene mit nur einem Kind taugen ebenso gut für unser Gedankenexperiment wie ein alleinerziehender Erwachsener mit zwei Kindern. Bei zwei Erwachsenen und drei Kindern wird es schon enger. Bei fünf Kindern sieht es selbstverständlich wieder anders aus; und auch, wenn eine dritte Generation im Spiel ist, wird die Ausgangslage entsprechend anders.

Jede Lebenssituation ist höchst individuell. Doch die vierköpfige Familie entspricht dem Durchschnitt – dem langweiligen, stereotypen Durchschnitt. In den Vereinigten Staaten etwa bringt eine Frau im Schnitt 1,8 Kinder zur Welt; in Deutschland, Österreich und der Schweiz sind es knapp 1,5.

Dass meine persönliche Lebenssituation in einer weiteren wichtigen Hinsicht *nicht* Durchschnitt ist – weder aus New Yorker, amerikanischer noch europäischer Sicht –, ist mir ebenso klar: Siri und ich haben über zwanzig Jahre hinweg für diesen einen Wohnungskauf angespart. Unser heutiges Haushaltseinkommen liegt etwa fünfmal über dem amerikanischen Schnitt; das ist ein enormes Privileg. Genau das aber macht die Sache nochmals verblüffender: Wer überdurchschnittlich verdient, „darf" nun einmal nicht in einer unterdurchschnittlich kleinen Wohnung leben – das würde allen Prinzipien des Immobilienmaklertums widersprechen.

In New York ist der Durchschnitt für eine vierköpfige Familie zwar deutlich geringer als die 200 Quadratmeter in den Vereinigten Staaten oder auch die 110 Quadratmeter, die deutscher Durchschnitt sind. Doch darum geht es: Durchschnittsfamilien ziehen aus genau diesem Grund in die Vororte. Dort bekommen sie mittlerweile ihre 110, 200 oder – je nach Einkommen – noch viel mehr Quadratmeter. „Mittlerweile" ist ein weiteres Schlüsselwort: Dieser Durchschnitt ist in den letzten Jahrzehnten, von Generation zu Generation, stets gestiegen. Warum? Das ist die große Frage.

Einkommen oder Reichtum sind meist nicht die alleinigen Faktoren: Viele der teuersten Adressen befinden sich in Städten, viele der ärmsten Haushalte aber ebenso – und selbstverständlich gibt es auch alles zwischen diesen Extremen. Der Hauptgrund muss also anderswo liegen: Im Allgemeinen sind es die sozialen Normen – das, was man eben so macht. Das gilt einerseits für die stetig steigenden Quadratmeterzahlen, aber auch für Aspekte wie Diversität und „Sicherheit": Dem unbekannten (und scheinbar unheimlichen) Anderen begegnet man in einem Vorort – auf mehr Quadratmetern wohnend – weniger häufig als in der Stadt.

Es geht auch um Angebot und Nachfrage: Vor hundert Jahren gab es kaum Vororte im heutigen Sinn, denn sie wären nur schwer erreichbar gewesen. Was es gab, waren kleine Städte, die neben größeren lagen: Berlin und Potsdam etwa, oder Wien und Baden. Beide deutlich kleineren Städte waren per Bahn an die jeweils größere angebunden.

Doch dann kam das Auto – und das erklärt vieles: Jetzt war es plötzlich möglich, das große Einfamilienhaus mit Garten zu besitzen und trotzdem in der Nähe der nächsten größeren Stadt zu wohnen. Nähe ist freilich relativ: Während die Quadratmeterzahlen stiegen, gingen auch die Pendelzeiten immer weiter in die Höhe – Suburbanisierung eben. Trotzdem hielt der Trend immer weiter an: Die Durchschnittseinkommen stiegen, die durchschnittlichen Quadratmeterzahlen ebenso.

Ein weiterer wichtiger Grund neben Auto und Einkommen ist ebenso klar: Werbung.

Fast jede Branche, die irgendwie daran beteiligt ist, Familien ein Dach über dem Kopf bereitzustellen, hat Interesse an größeren privaten Wohnflächen – egal ob Bauindustrie, Banken, Immobilienmakler, Autoindustrie, Heimsauna-Hersteller, Garten- und Baumärkte, Möbelindustrie oder jede andere Sparte, für die mehr Platz zu Hause auch höhere Gewinne bedeutet.

So viel wir von der Entkopplung von Ressourcenverbrauch und Wohlstand sprechen: Tatsache ist, dass mehr Quadratmeter (und damit mehr persönlicher Ressourcen- und Materialverbrauch) mit höherem Wirtschaftsaufkommen einhergehen.

Selbst der Kredithai, der vor dem Scheidungsgericht auf günstige Gelegenheiten für „Scheidungshäuser" hofft, profitiert von mehr Quadratmetern.

Kein Wunder also, dass so viele Werbeaktionen von mehr Quadratmetern – „mehr Haus" – schwärmen. Werbung prägt soziale Normen, die bestimmen, was es bedarf, um „glücklich" zu sein.

Wenn es „die Wirtschaft" verlangt, hinkt die Politik oft nicht weit hinterher. Die extremsten Beispiele hierzu kommen wie so oft aus den Vereinigten Staaten: In Kalifornien ist zu beobachten, dass es kaum möglich scheint, selbst die kleinsten Veränderungen an

Flächennutzungsplänen vorzunehmen und so dem egoistischen *Nimbyismus* zumindest ein wenig Einhalt zu gebieten. Es gibt zwar mittlerweile eine kleine *Yimby*-Lobby – „Yes, in my backyard" –, die sich für nachhaltige Wohnraumschaffung einsetzt, beispielsweise dafür, wenigstens in der Nähe von Bahnhöfen die Errichtung zweistöckiger (!) Häuser zuzulassen.[103] Das wäre verglichen mit echten Städten immer noch ein klitzekleiner Schritt. Doch die ungleich stärkere *Nimby*-Lobby – unterstützt von vielen Branchen sowie auch vereinzelten „Umwelt"-Aktivisten, die jede Bauaktivität in ihrer unmittelbaren Umgebung verhindern wollen – hält strikt dagegen.

All das gibt es nicht nur in den Vereinigten Staaten. Fragen der Flächennutzung führen überall auf der Welt zu schwierigen politischen Entscheidungen, und oft dominiert das Lobbying derer, die sich den größten finanziellen Gewinn versprechen. Der bereits erwähnte Bahnhof Tullnerfeld, der zwanzig Zugminuten westlich vom Wiener Hauptbahnhof liegt, ist ebenso ein Beispiel dafür: Würde der Bahnhof ausschließlich jenen (wenigen) dienen, die bereits jetzt im Tullnerfeld leben, wäre er etwas Gutes, da man nun per Zug statt mit dem Auto nach Wien pendeln könnte – die *intensive* Effizienz steigt. Allerdings wird es nicht dabei bleiben: Der Bahnhof macht den Umzug ins Einfamilienhaus „im Grünen" mit einem Mal attraktiver – die *extensive* Marge fällt plötzlich. So schreitet die Zersiedelung stetig voran – Suburbanisierung, die ohne politische Unterstützung gar nicht möglich wäre.

***

Was ist also die ideale Wohnfläche?

Ich persönlich fand die 78 Quadratmeter, auf denen ich aufgewachsen bin, ziemlich ideal. Siri und ich finden die 70 Quadratmeter, auf denen wir jetzt leben, ideal. Und auch unseren Kindern gefällt es. Haben wir nur einen höchst eigenwilligen Sinn für die passende Wohnungsgröße oder ist da vielleicht mehr dran?

Das Offensichtliche zuerst: Wir verbringen als Familie viel Zeit miteinander. Auch andere komplett „stumm" zu schalten, funktioniert dank etwas Technologie leicht (Kopfhörer etwa, oder auch ein gutes Buch) – Ausgleich ist wichtig. Wir verbringen viel Zeit gemeinsam, oft rund um den ausziehbaren Esstisch: Der ist groß genug für den Morgenespresso mit Tageszeitung, Hausaufgaben (mal zwei) und das gelegentliche Puzzle oder eine Runde „Mensch ärgere Dich nicht" – manchmal auch alles gleichzeitig. Wenn sonntagmorgens Freunde aus Cambridge anrufen und fragen, ob wir zufällig zu Mittag Zeit hätten, dann finden ein paar Handgriffe später acht Personen bequem dort Platz. Ein Esstisch eben.

Der Rest ist eigentlich ebenfalls nicht außergewöhnlich – abgesehen von der Tatsache, dass wir sowohl eine 70 Quadratmeter große Küche als auch ein 70 Quadratmeter großes Esszimmer, ein 70 Quadratmeter großes Wohnzimmer, eine 70 Quadratmeter große Heimbibliothek, ein 70 Quadratmeter großes *Homeoffice*, ein 70 Quadratmeter großes Spielzimmer, ein 70 Quadratmeter großes Heimkino und, ja, auch ein 70 Quadratmeter großes Schlafzimmer haben.

Das Klavier lässt sich mit zwei Sets Kopfhörern verbinden, falls mal nicht alle zuhören wollen. Bei so mancher Videokonferenz können meine Arbeitskolleginnen und -kollegen meinen Kindern im Hintergrund beim Taekwondo zusehen oder sie beim Klavierspielen beobachten. Auch das ließe sich mit ein bisschen Technologie ausblenden, aber warum? Es ist ein kreativerer Gesprächseinstieg als das Wetter. (Dass es oft Norm zu sein scheint, sich für seine Kinder zu entschuldigen, ist wieder eine andere Sache. Dass es bei Videogesprächen in ausschließlich männlich zusammengesetzten Runden für ein paar Minuten *das* Gesprächsthema sein kann, das darin gipfelt, dass einer der Teilnehmer sein Kind in den Raum holt, um es ein paar Sekunden lang am Schoß zu präsentieren, bevor er es wieder zur Mama schickt, gehört ins Buch zum Thema Elternzeit.)

Ist alles immer eitel Wonne? Natürlich nicht, wie in jeder Familie. Doch wenn alle in einem großen Raum zusammenleben, bedeutet das auch, dass Unstimmigkeiten fast immer sofort angesprochen werden. Das beliebte „Geh auf dein Zimmer und denk darüber nach, was du gerade gemacht hast!" funktioniert nicht ohne ein eigenes Kinderzimmer. Sich im Zimmer zu verstecken und zu versuchen, dem gemeinsamen Kochen oder Aufräumen zu entkommen, klappt ebenso wenig.

Sind Kompromisse notwendig? Klar, wie immer und überall – und je nachdem, was man als Kompromiss erachtet. Wir haben zum Beispiel keine eigene Waschmaschine: Einerseits wäre der Platz dafür knapp, andererseits war es eine ganz bewusste Entscheidung. Es gibt zwei Wäschereien in unmittelbarer Nähe, die jeweils eine Minute Fußweg entfernt sind. Es ist Luxus, seine Wäsche nie selbst zu waschen und zu falten, und dieser Luxus kostet uns im typischen Sommermonat etwa 80 Dollar, im Winter ein wenig mehr. Auch das ist *Stadt*leben: Warum etwas selbst erledigen, das jemand anderer viel besser und effizienter kann? (Die gesparte Zeit lässt sich etwa prima nutzen, um eigenes Sauerteigbrot zu backen. Ja, auch die nächste Bäckerei wäre nur eine Straße entfernt – nicht alles muss immer auf Effizienz getrimmt sein.)

★★★

Einen „Lockdown" während der Coronapandemie als Familie auf 70 Quadratmetern zu verbringen, war eine interessante Erfahrung. Das wäre sie ohnehin gewesen, doch natürlich veränderte sich auch für uns kurzfristig so einiges (Stichwort: Sauerteigbrot selber backen). Siri fuhr täglich mit dem Rad zur Arbeit ins Krankenhaus, unsere beiden Kinder und ich waren wochenlang zu Hause. Die Waschmaschine in der Nachbarwohnung war äußerst hilfreich; das Glück, dass ich meinen Job mehr oder weniger gut auch von zu Hause erledigen konnte, während ich die Kinder „heimbeschulte", ebenso. Unsere Wäsche selbst zu waschen, gaben wir zum schnellstmöglichen Zeitpunkt wieder auf. Doch *Homeschooling*, *Homeoffice* und Brotbacken haben wir zumindest in Teilen beibehalten.

Ein Ausnahmezustand wie jener während der Coronapandemie ist für jede Wohnsituation eine Belastungsprobe. Doch machen „nur" 70 Quadratmeter eine schwierige Lage noch schwieriger? Nicht wirklich. Unsere Situation war und ist um einiges privilegierter als etwa jene von Familien, die im New Yorker Stadtteil Corona in Queens wohnen, wo sowohl Armut als auch Infektionsraten ungleich höher sind als in unserem Stadtteil.

Je effizienter, desto größer?

Die Faktoren, welche den Drang nach mehr Quadratmetern ganz normal erscheinen lassen, bestehen sowohl mit als auch ohne Ereignisse wie die Coronapandemie. Daneben gibt es verdeckte Faktoren, die das echte Problem nochmals deutlicher machen.

Bei *Stadt* geht es um Netzwerk, um Innovation und vor allem um Effizienz: mehr Output mit weniger Input. Effizienz ist wichtig – *In*effizienz kann insgesamt nicht gut sein (davon, selber Brot zu backen, einmal abgesehen; Ausgleich muss sein). Effizienz bringt allerdings einen besonders heimtückischen Effekt mit sich:

Plötzlich ist das, was soeben effizienter wurde, auch billiger – und wenn etwas billiger wird, bedeutet das meist erhöhten Konsum. Der technische Name dafür lautet *Rebound*- oder auch Abprall- oder Bumerang-Effekt.[104]

Diese Idee ist nicht neu: Der britische Ökonom William Stanley Jevons schrieb bereits im Jahr 1865 über „The Coal Question" („Die Kohle-Frage").[105] Dabei ging es ihm vor allem darum, ob sich Großbritannien langfristig auf Kohle als Energiequelle verlassen könnte. Seine Antwort lautete: Nein! In einer viel zitierten Passage schrieb er: „*It is wholly a confusion of ideas to suppose that the economical use of fuel is equivalent to a diminished consumption. The very contrary is the truth.*" („*Es wäre gänzliche Gedankenverwirrung, anzunehmen, dass die wirtschaftliche Nutzung von Brennstoffen mit einer Verringerung des Verbrauchs einherginge. Das genaue Gegenteil ist der Fall.*") Er selbst schrieb seine Worte zur Betonung kursiv. Auch wir sollten sie ernst nehmen.

Das Prinzip ist einfach: Wenn eine Packung Kartoffelchips im Supermarkt zwei Euro kostet, drei Stück aber nur vier Euro, ist es dieselbe Idee – der Preis pro Packung ist plötzlich niedriger. Um Jevons' Sprache zu verwenden, ist es nun „wirtschaftlicher", diesen besonders schmackhaften Brennstoff in augenblickliche Gaumenfreude (und längerfristige Fettablagerungen) umzuwandeln. Es wäre gänzliche Gedankenverwirrung, anzunehmen, dass dies mit einer Verringerung des Verbrauchs einherginge: Das genaue Gegenteil ist der Fall. Darauf hofft zumindest die Supermarktkette. (Und nein, das heißt nicht, dass es eine gute Idee wäre, mehr Kartoffelchips zu essen. Drei Packungen beinhalten weiterhin dreimal so viele Kalorien.)

Was für Kartoffelchips und Kohle gilt, das gilt auch für Energieeffizienz im Allgemeinen. All dies verweist wiederum auf den Unterschied zwischen intensiver Effizienz und extensiven Veränderungen: Der *Rebound*-Effekt beschreibt, wie das eine das andere beeinflussen kann. Die Kosten pro Kalorie (oder pro Quadratmeter Wohnfläche) sinken – die intensive Effizienz steigt. Ohne weitere Interventionen würde dies bedeuten, dass auch die Anzahl der konsumierten Kalorien (oder der Quadratmeter) ansteigt: Strengere Gebäudestandards etwa machen es plötzlich billiger, mehr Quadratmeter im Winter zu beheizen und im Sommer zu kühlen. Die Konsequenz? Mehr Quadratmeter.

***

Dieses Prinzip ist allgegenwärtig. Es macht auch die *Rebound*-Debatte so schwierig – und oft frustrierend. Sind verbesserte Gebäudestandards etwa gar schlecht, weil sie zu größeren Häusern führen? Die Antwort lautet klarerweise: Natürlich nicht!

Bessere Isolierung etwa bedeutet, dass in nördlichen Breiten die Heizkosten und in südlichen die Kühlkosten pro Quadratmeter sinken. Weniger Energie zu verbrauchen, ist gut. Dass dies mit geringeren Kosten einhergeht, ist ebenso positiv. Da niedrigere Energiekosten dazu führen, dass Häuser plötzlich größer gebaut werden, weist dies schlicht darauf hin, dass effizientere Gebäudestandards eben nicht die alleinige Antwort sein können – auch wenn sie ein wichtiger Teil sind.

Klimapolitik muss daher weit über solche Standards hinausgehen. Das heißt einerseits: Interventionen, etwa in Form von CO_2-Steuern oder Emissionshandelsgesetzen. Weder Steuer noch Emissionshandel haben einen direkten *Rebound*-Effekt, denn dabei wird der *Input*, also die fossile Energie selbst, teurer, nicht billiger.

Neben CO_2-Steuern heißt Klimapolitik auch: direkte Steuerung. Gebäudestandards sind ein Teil davon. Subventionen für erneuerbare Energien sind ein wichtiger weiterer Schritt: Auch dabei kommt es zu keinem direkten *Rebound*. Mehr CO_2-freie Energie bringt keine weiteren CO_2-Emissionen mit sich, egal wie viel davon verwendet wird. (Wenn mehr CO_2-freie Energie verwendet wird, mag es als Energieverschwendung gelten – doch solange dabei weder Klima noch Umwelt noch sonst jemand zu Schaden kommt, wäre das ein Problem, das ich gerne hätte.)

Bei der Frage der Quadratmeter gäbe es rein theoretisch auch Antworten. Zum Beispiel die radikalste: Jede Person, vielleicht auch jeder Haushalt, bekommt eine bestimmte

Quadratmeteranzahl zugewiesen – das war's. Vielleicht wäre das sogar mit gerechtigkeitstheoretischen Prinzipien begründbar. Irgendwo gibt es auch immer eine Rolle für den „Schleier des Nichtwissens", den der Philosoph John Rawls beschrieben hat: Die fairste Aufteilung von Quadratmetern wäre demnach, jemanden entscheiden zu lassen, der selbst hinter einem Schleier steht und nicht weiß, welcher Anteil ihm selbst zufallen wird.[106] All das ist natürlich reine Theorie, die praktisch (und politisch) kaum umzusetzen ist.

Ein wichtiger Schritt ist daher: ein Umdenken – sowohl individuell als auch politisch – im Hinblick darauf, was als „normal" gilt. Ein weiterer: eine Art von Politik, die diese neuen, klimaverträglichen Normen unterstützt und gesellschaftlich zementiert. Das heißt: Weniger Bahnhöfe wie jener im Tullnerfeld westlich von Wien, mehr Investitionen in Städten selbst. Weniger *Nimbyismus*, mehr *Yimbyismus*. Weniger *Suburbia,* mehr *Stadt.*

✳✳✳

Tatsächlich kann mehr Effizienz in Sachen *Input* äußerst produktiv angewendet werden. Der Blick auf die Kalorien ist hilfreich: Einerseits ist es klar, dass es eine Untergrenze gibt – ein Erwachsener benötigt mindestens ungefähr 1200 Kalorien pro Tag, um ein gesundes, aktives Leben führen zu können. Etwas Ähnliches gilt für ein sichereres, adäquates Zuhause.

Es gibt allerdings ebenso eine Obergrenze: Mehr Kalorien zu konsumieren, ist sowohl (oder sogar vor allem) für einen selbst schlecht als auch für die ganze Gesellschaft – und für die Umwelt. Billigere Kalorien erfordern daher mehr Selbstdisziplin. (Eine Handvoll Kartoffelchips ist bekömmlich, doch die ganze Packung – oder gar eine zweite und dritte – eher nicht.) Andererseits gibt es genug Möglichkeiten, mehr Geld für dieselbe Anzahl an Kalorien auszugeben – je teurer das Restaurant, desto kleiner sind die Portionen.

Das gilt auch für Quadratmeter: Man kann Unsummen pro Quadratmeter ausgeben. Licht, Lage und viele andere Faktoren – das Prestige einer bestimmten Adresse etwa – kennen kaum eine finanzielle Obergrenze. Das allein wäre schon ein echter Gewinn: eine Besinnung auf Qualität statt Quantität, vor allem wenn das auch die gesellschaftlichen Normen unterstützen.

In bestimmten historischen und kulturellen Kontexten geht Reichtum untrennbar mit Fettleibigkeit einher: Wer reicher ist, leistet sich mehr Kalorien. Dies ist heute meist nicht mehr der Fall; hier trifft eher das genaue Gegenteil zu. Bei der Quadratmeteranzahl hingegen dominiert offenbar immer noch die Vorstellung, dass mehr Geld mit mehr Quadratmetern gleichzusetzen ist.

Es geht also um ein echtes Umdenken. Dabei spielt neben der Wohnfläche die Mobilität eine große Rolle.

7 Mobilität

Reisen versus Pendeln

Reisen ist Urlaub, Erholung, anderes und andere erleben, die Welt entdecken. Beim Reisen werden die eigenen Grenzen getestet. Es öffnet Horizonte, erhöht Verstehen und Verständnis und macht Spaß. So zumindest wäre das Ideal.

Um die halbe Welt zu fliegen, nur um dann auf der thailändischen Insel Ko Samui im „Schnitzel & Samui House" oder in der Backstube „Zur Brez'n" eine Woche lang Stammgast zu sein, fällt nicht unter dieses Ideal. Marokko zu besuchen, ohne das Hotel jemals ohne die Reisegruppe oder den Tourguide zu verlassen, auch nicht. Und die zum x-ten Mal wiederholte Geschäftsreise in das selbe Hotel, um im selben Büro dieselben Kunden zu treffen und dieselben Gespräche über Quartalszahlen zu führen, ist vom Ideal ebenso weit entfernt. Letzteres kommt allerdings einer anderen Form der Mobilität näher: dem Pendeln.

Während Reisen Wahl ist, ist Pendeln ein Muss. Reisen ist Abenteuer, Pendeln ist Arbeit. Glücklich können sich jene schätzen, für die sich Abenteuer und Arbeit überschneiden; das trifft freilich auf die wenigsten zu. Für die meisten scheint Pendeln keine Wahl zu sein – verblüffenderweise wird diese Wahl aber oft freiwillig getroffen.

***

Zeit für ein Geständnis: Trotz meiner Klimaarbeit – oder teils sogar deswegen – habe ich in meinem Leben schon Tausende

Stunden in Flugzeugen verbracht. Eine Extremsituation waren jene drei Monate, in denen ich jede Woche von New York nach Denver gependelt bin. Jeder Flug dauerte vier Stunden. Um montags knapp nach neun Uhr Ortszeit im Büro zu erscheinen, wachte ich kurz vor vier Uhr auf und fuhr um halb fünf mit dem Taxi durch das leere New York zum Flughafen. Der Flug startete um sechs Uhr. Nach einer Sechzig-Stunden-Woche ging es meist am Donnerstag spätabends wieder zurück, manchmal erst am Freitag. (Meine sechzig oder mehr Stunden wurden dennoch von Siris achtzig übertrumpft – sie war Turnusärztin in New York und merkte kaum, dass ich wochentags nicht zu Hause war.)

Das Highlight – oder je nach Perspektive den Tiefpunkt – dieser Zeit erlebte ich nach ein paar Wochen, als die freundliche und eigentlich äußerst penible Dame, die montags um fünf Uhr am Flughafen an der Sicherheitskontrolle arbeitete, mich einfach durchwinkte, ohne auf mein Ticket oder meinen Personalausweis zu blicken: „Good morning, Denver? Welcome back!" Diese drei Monate waren meine letzte berufliche Aufgabe, bei der es nicht direkt um den Klimaschutz ging. Sie waren es auch, die meine Einstellung zum Thema Pendeln nachhaltig geprägt haben.

Mit der Ansicht, dass vier Stunden Wegzeit deutlich zu viel sind, bin ich selbstverständlich nicht alleine. Eine klassische Studie, in der die optimale Pendelzeit ermittelt werden sollte, ergab 16 Minuten als Ideal, freilich mit großen Bandbreiten.[107] Ein kleiner Teil der Befragten (sieben Prozent) gab an, länger als derzeit pendeln zu wollen. Für knapp über die Hälfte war hingegen die aktuelle Pendelzeit zu lange. Optimal wäre natürlich, die Zeit gar nicht als (verlorene) Pendelzeit zu betrachten und ihr auch etwas Positives abgewinnen zu können. Warum die sieben Prozent am Weg in die Arbeit nicht einfach einen kleinen Umweg machten, ist wieder eine andere

Frage. Doch vor allem geht es um die über fünfzig Prozent, die lieber kürzer pendeln wollten. Für die überwiegende Mehrheit würde dies bedeuten, näher in der Stadt – im Fall der Studie: San Francisco – zu wohnen.

Für die meisten bedeutet dies einen Kompromiss zwischen Zeitaufwand und Wohnfläche: Je weiter außerhalb der Stadt man wohnt, desto höher liegt typischerweise die Quadratmeterzahl. Das war höchstwahrscheinlich auch ein wichtiger Grund für jene sieben Prozent, die länger pendeln wollten: Sie möchten mehr Quadratmeter haben und assoziieren längere Pendelzeiten mit größeren Häusern. Dieser Zusammenhang ist grundsätzlich nicht falsch. Umgekehrt liefert er zum Teil auch die Begründung, warum über fünfzig Prozent angaben, ihre Pendelzeit sei zu lange: Viele, die die Wahl zwischen Zeit und Quadratmetern hätten, entscheiden sich schlussendlich für mehr Quadratmeter.

Es ist genau diese Wahl zwischen Zeit und Wohnfläche, bei der viele psychologische Faktoren häufig zu suboptimalen Entscheidungen führen. Dabei geht es überraschend oft um die Signalwirkung: Ein großes Haus ist ein handfestes Signal, das sich öffentlich präsentieren lässt. Nachbarn, Freunde und Familie – und via Facebook und Instagram vielleicht der Rest der Welt – kennen sowohl die Größe und (nach einer mehr oder weniger freiwilligen Haustour) auch die Anzahl der Schlaf- und Badezimmer, die Sauna und den Weinkeller und manch weiteres Detail, an das sich die Hausbesitzer selbst nur während der Tour wieder erinnern. Dass mit größeren Häusern meist längere Pendelzeiten einhergehen, leuchtet ein – allerdings ist das Pendeln, egal ob per Auto, Zug oder auf andere Weise, meist eine private Angelegenheit. Die vierzig Minuten im Zug oder auch eine Stunde im Stau nimmt kaum jemand anderer als der Betroffene selbst wahr.

Dazu kommt, dass solche Pendelzeiten gesellschaftlich vollkommen akzeptiert sind. Sie sind einfach Teil des Alltags. Zum Einfamilienhaus mit Garten gehört nicht nur die Pendeluhr, sondern auch die Pendelzeit.

Mehr noch: Über längere Strecken zu pendeln, um der Familie ein größeres Haus bieten zu können, gilt oft als noble Aufopferung, ebenso wie die Entscheidung, den besser bezahlten, aber ansonsten kaum erfüllenden Job als strategischer Umstrukturierungsberater überhaupt anzutreten: „Ich fahre täglich eine Stunde in die Stadt, aber dafür haben wir einen Garten mit Pool und ein eigenes Gästezimmer!"

***

Nach meiner eigenen temporären Pendlererfahrung mit je zwei vierstündigen Flügen pro Woche folgten für mich zwei Jahre mit vierstündigen Zugfahrten. Wir wohnten damals bereits wieder in Cambridge, ich unterrichtete aber noch in New York. Das bedeutete, einmal pro Woche per Fahrrad und Zug vier Stunden pro Richtung nach New York zu pendeln, dort zwei Stunden lang mit klarem Kopf vor fünfzig Studierenden vorzutragen und meist am selben Tag wieder vier Stunden zurückzufahren. Ideal war das kaum, aber was tut man nicht alles für die Liebe – sowohl zur Familie als auch zum Unterrichten.

Es sind viele Faktoren, die für lange Pendelzeiten verantwortlich sind. Ein Pärchen mit zwei Jobs an zwei verschiedenen Orten etwa, und schon pendelt zumindest eine Person oft stundenlang. Ein anderer Faktor ist ein Arbeitsplatzwechsel – ob geplant oder ungeplant –, der oft viel schneller stattfindet als ein Umzug. Dabei können Pendelzeiten von bis zu zwei Stunden höchstoffiziell als juristisch „zumutbar" gelten. Oft hat man bei der Pendelzeit wenig Wahl, außer man lässt den Beruf über die Wahl des Wohnortes bestimmen.

Häusliche Mobilität

Genauso wie die Mehrzahl jener, die New York City ihr Zuhause nennen, habe auch ich nicht mein ganzes Leben lang hier gewohnt. Es gibt zwar über drei Millionen solcher alteingesessenen, einheimischen, „echten" New Yorker – aber eben *nur* etwas über drei Millionen. Die Mehrheit der acht Millionen Einwohner der Stadt kommt von anderswo.[108]

Das ist auf den ersten Blick paradox: Einerseits ermöglichen es Städte – vor allem die großen –, sein gesamtes Leben dort zu verbringen. Viele der über drei Millionen „einheimischen" New Yorker beweisen dies eindrucksvoll, und Ähnliches gilt für Städte auf der ganzen Welt. Je größer, je diverser eine Stadt ist, desto leichter ist es, innerhalb dieser Stadt den nächsten Schritt zu wagen, die nächste Möglichkeit wahrzunehmen.

Andererseits sind es auch die Städte, die das wanderlustige Leben erst ermöglichen. New York etwa ist einerseits ein Magnet für das umliegende Land, andererseits eine Stadt, die andere *Stadt*menschen anzieht. Das Lebensgefühl mag von Stadt zu Stadt verschieden sein. Berlin etwa „fühlt" sich mehr nach New York an als nach Boston, das wiederum eher wie das Zürich Amerikas ist. Die Einstellung zu *Stadt* im Allgemeinen ist allerdings da wie dort ähnlich. Ein wichtiger Faktor dabei ist: Je weniger Quadratmeter, desto leichter fällt der Umzug. Das macht auch den Umzug von Stadt zu Stadt einfacher.

Diese Form der Wohnsitzmobilität zwischen Städten ist in vielerlei Hinsicht die ultimative Art der Mobilität, die es zu fördern gilt. Sie führt zu niedrigeren Arbeitslosenzahlen.[109] Sie bedeutet auch niedrigere CO_2-Emissionen: Einerseits wird dadurch das lange Pendeln vermieden (mit oder ohne Flugzeug). Andererseits werden dadurch vor allem Emissionen reduziert, weil das *Stadt*leben nun einmal mit niedrigeren alltäglichen CO_2-Ausstößen verbunden ist. Das Schlüsselwort dabei lautet: „alltäglich".

Schnell mal weg

*Stadt*menschen verursachen im täglichen Leben weniger CO_2-Emissionen. Im Idealfall könnten hier etwa Emissionen durch das tägliche Pendeln vollkommen entfallen: Entweder ist alles im 15-Minuten-Radius und daher einfach zu Fuß oder per Fahrrad erreichbar, oder das Pendeln erfolgt im öffentlichen Nahverkehrsnetz mit entsprechend geringen Emissionen. Eine gelegentliche Taxifahrt lässt sich da leicht entschuldigen. Die alltägliche Effizienz der Stadt macht es möglich, trotz relativen Reichtums durchschnittlich weniger CO_2-Emissionen zu verursachen: weniger Quadratmeter, weniger tägliches Pendeln (und falls doch, dann oft ohne Auto).

Statt des Pendelns kommt allerdings der Urlaub oder der Ausflug zum langen (oder kurzen) Wochenende. Je reicher man ist, desto häufiger und weiter sind auch die Reisen. In effizienten Städten kann dabei selbst der Urlaub zu Fuß beginnen: Im Idealfall – ideal für das Klima – wäre das zum Beispiel ein Fußmarsch zum Bahnhof und dann per Zug aufs Land oder auch in eine andere Stadt. Einfach mal weg.

Ob dabei das Taxi genutzt wird, fällt kaum ins Gewicht. Ob die Elektrizität für den Zug durch Kohle oder Sonne gewonnen wird, mag schon wichtiger sein, aber auch das macht – relativ gesehen – kaum einen Unterschied im Vergleich zu einem anderen Verkehrsmittel, das allzu oft die Wahl für den schnellen

Trip ist: Viele Bahn- oder Taxifahrten – oder vielleicht sogar die Radfahrt? – gehen zum Flughafen.

Mit dem Fahrrad zum Flughafen? Klingt seltsam, aber ich habe das Experiment gewagt: Der Bostoner Flughafen lässt sich von Cambridge aus schnell und bequem per Rad erreichen. Am Zielort, nach sechsstündigem Flug, führte eine malerische Uferpromenade sogar noch schneller vom Flughafen nach San Diego. Mein Brompton-Faltrad ging als Handgepäck durch. Dieser Flug mit Rad anlässlich einer Konferenz von Umweltökonomen war guter Gesprächsstoff. Der wichtigste Punkt jedoch: Mit meinem Hin- und Rückflug verursachte ich insgesamt über 1,5 Tonnen CO_2. 1500 Kilogramm. Nicht etwa das gesamte Flugzeug. Ich. Mein Sitzplatz.

Amerikanerinnen und Amerikaner verursachen derzeit durchschnittlich rund 16 Tonnen CO_2 pro Person und Jahr, Europäerinnen und Europäer rund acht.[110] Alleine dieser eine Hin- und Rückflug von Küste zu Küste war für ungefähr zehn Prozent meiner durchschnittlichen jährlichen Emissionen als Amerikaner verantwortlich. Nein, als Doppelstaatsbürger bekomme ich nicht 16 + 8 = 24 Tonnen pro Jahr. Für einen transatlantischen Hin- und Rückflug, etwa von München nach New York, sind es 2,5 Tonnen, ebenso von München nach Delhi; nach Sydney sind es gar sechs Tonnen CO_2. Pro Person. Ein Sitzplatz in der Economyclass.[111] Jede dieser Tonnen bedeutet wiederum, dass rund drei Quadratmeter Meereseisfläche in der Arktis schmelzen.[112]

Innereuropäische Flüge sind natürlich ebenso schädlich: Einmal von München nach Berlin und zurück bedeuten 0,2 Tonnen CO_2, immerhin 0,6 Quadratmeter geschmolzenes Eis. Von München nach Hamburg ebenso wie von Zürich nach Wien sind es pro Hin- und Rückflug 0,3 Tonnen CO_2 oder 0,9 Quadratmeter arktisches Eis. (Alle diese Städte sind übrigens untereinander durch bequeme Nachtzüge verbunden.)

Fliegen stellt fast alles andere, was man selbst direkt beeinflussen kann, in den Schatten. Ein ganzes Jahr nicht Autofahren, bei dreißig nicht gefahrenen Kilometern pro Tag? 1,33 Tonnen CO_2-Einsparung. Ein Jahr lang ausschließlich vegetarisch ernähren, verglichen mit einem durchschnittlichen Omnivoren? Weniger als eine Tonne CO_2.

Ein Jahr keine Nahrungsmittelabfälle verursachen, keine braune Banane wegwerfen, auch sonst nichts verschwenden, und das bei gleichbleibender Kalorienzufuhr? Weniger als 0,4 Tonnen CO_2. Ein Jahr lang nur lokal und saisonal essen? Nochmals 0,3 bis 0,4 Tonnen CO_2. Ein Jahr lang nur wiederverwendbare Tragetaschen verwenden, keine aus Plastik oder Papier? Gerade einmal fünf Kilogramm CO_2!

Ein einziger Hin- und Rückflug – egal ob mit oder ohne Fahrrad – verursacht oft mehr CO_2-Emissionen als jede andere Einzelmaßnahme. Ob die zehn Kilometer zum Flughafen dann mit dem Fahrrad zurückgelegt werden, macht keinen Unterschied; der dadurch geleistete Beitrag ist immer noch geringer, als wenn es beim Flug ein bisschen Rückenwind gibt oder die Landebahn beim Anflug frei ist und die Maschine sich die Warteschleife spart.

Meine drei Monate Pendeln zwischen Denver und New York waren eine Extremsituation, die alleine für über zwanzig Tonnen CO_2 verantwortlich zeichnete. Doch auch andere, die ins Flugzeug steigen, belassen es kaum bei einem einzigen Hin- und Rückflug: Im Jahr 2017 flogen Amerikanerinnen und Amerikaner durchschnittlich fünf Mal – durchschnittliche Fluggäste jedoch mehr als zehn Mal. Das bedeutet: Etwas mehr als die Hälfte der Gesamtbevölkerung flog überhaupt nicht. Rund

zehn Prozent absolvierten je einen oder zwei Hin- und Rück-
flüge, während rund sieben Prozent neun Mal oder öfter flogen,
viele davon noch deutlich mehr.[113] In Deutschland wurden im
Jahr 2019 fast fünfzig Millionen Fluggäste ins Ausland gezählt,
11,6 Millionen flogen innerhalb Deutschlands.[114] Auch hier sind
Vielflieger für einen Großteil der Flüge verantwortlich, während
ein großer Anteil der Bevölkerung gar nicht ins Flugzeug steigt.

Weltweit gibt es pro Jahr mittlerweile rund 3,5 Milliarden
Flugreisen.[115] Dabei bestehen enorme Ungleichheiten: Nur die
wenigsten der inzwischen fast acht Milliarden Erdenbürger
sind jemals geflogen. Die Schätzungen gehen auseinander, doch
insgesamt sind vielleicht zwanzig Prozent, etwa 1,5 Milliarden,
jemals im Flugzeug gereist. Die wenigsten fliegen also – doch
jene, die fliegen, fliegen oft.

Wer nutzt das Flugzeug also am häufigsten? Es sind
die relativ Reichen, die wiederum in – oder im Umfeld von –
Städten zu Hause sind: *Stadt*menschen und jene in Vorstädten
und -orten.

Es ist dabei zwar immer noch um einiges besser,
in der Stadt als in *Suburbia* zu wohnen – in der
Stadt verursacht man täglich nur halb so viele
Emissionen wie Haushalte in den *Suburbs* –,
doch wenn das durch mehr Flüge wieder auf-
gewogen wird, ist es für das Klima ebenso
schlecht. CO_2 ist CO_2, egal woher es kommt.

Je effizienter, desto weiter?

Bedeutet das nun, dass effizientere Flugzeuge mit immer mehr
Flugreisen über immer längere Distanzen einhergehen? Diese
Frage sollte nicht mehr überraschen, doch sie ist wichtig genug,

um sie nochmals zu wiederholen – vor allem, weil es bei Mobilität am direktesten zutrifft. Ob das Phänomen *Rebound*-, Abprall- oder Bumerang-Effekt genannt wird (siehe Kapitel 6: Wohnen) oder ob es die intensive Effizienz ist, die zu extensiven Veränderungen führt (siehe Kapitel 5: Essen), ist dabei egal. Das Prinzip ist dasselbe: Der Preis sinkt, die Nachfragemenge steigt.

Dieses Prinzip gilt beim Essen, wenn auch relativ weniger stark – Fettleibigkeit hat viele Gründe, nicht zuletzt das eigene Netzwerk: Je schlanker die Nachbarn und Freunde sind, desto schlanker ist man selbst.[116] (Guten und einfachen Rat gibt es dabei genug, zum Beispiel: „Iss nichts, was deine Oma nicht als Essen erkannt hätte."[117]) Beim Wohnen wirkt das Prinzip schon stärker: Je effizienter der Quadratmeter ist, desto mehr davon lassen sich zu relativ geringen Kosten aneinanderreihen.

Beim Reisen trifft es noch direkter zu: In der fernen Vergangenheit dauerte es oft Generationen, einen Kontinent zu überqueren. Heute kommt man dabei kaum zum Schlafen. Diese Geschwindigkeit – Effizienz – macht es möglich, selbst für eine Woche Urlaub schnell mal nach Übersee zu jetten. Am langen Wochenende wird die Zeit schon knapper, aber selbst da ginge sich die eine oder andere Fernreise aus – Johannesburg etwa liegt in derselben Zeitzone wie Frankfurt / Main, und der zehnstündige Direktflug ließe sogar noch Zeit zum Schlafen. Die CO_2-Bilanz für einen solchen Trip: 3,2 Tonnen pro Person – völlig egal, ob man Bahn oder Taxi für die Anreise zum Flughafen wählt, ob die Kaffeebohnen das Fair-Trade-Siegel tragen oder ob die Safari als „öko" bezeichnet wird. Und ebenso egal, ob die Reise zwei Wochen oder nur zwei Tage dauert.

Die Wochenend-Flugreise um die halbe Welt ist ein Extremfall. Doch genau solche Extremfälle können das Problem verdeutlichen: Dank moderner Technologie wäre das freitägliche Abendessen zu Hause in Frankfurt / Main, gefolgt von einem samstäglichen Mittagessen im Nationalpark in Südafrika möglich. Der Rückflug am Sonntagabend würde das entspannte Abendessen in Südafrika zwar erschweren, dafür wäre es machbar, am Montag noch vor sechs Uhr früh in Frankfurt/Main zu landen und zum Beginn des Börsentages wieder in der Arbeit zu erscheinen. Entspannungswert: null. Kostenpunkt: unvernünftig. Instagram-Signalwirkung: überwältigend.

Darin liegt auch das Problem: Es geht wieder einmal um soziale Normen. So wie bei der Wohnfläche ist die Frage nicht so sehr, ob der Langstreckenflug selbst in diesem Fall irgendwie sinnvoll ist – natürlich ist er das kaum. Es geht vor allem um das äußere Signal nach dem Motto: Wer hat, der hat. Oder besser: Wer hat, der macht das eben.

Das relativ neue Phänomen der „Flugscham" mag dieser Einstellung einen Dämpfer versetzen, doch allzu groß fällt dieser nicht aus. Die Fluggästezahlen stiegen auch in Deutschland bis zum Ausbruch der Coronapandemie im Frühjahr 2020 stets in die Höhe: Die 2019 beinahe fünfzig Millionen Flüge aus Deutschland ins Ausland entsprachen einem Zuwachs von 4,5 Prozent gegenüber dem Vorjahr.[118] Dabei fliegen über achtzig Prozent der Befragten hauptsächlich privat statt geschäftlich. Und inzwischen gibt es sogar Aufrufe zum „Flugstolz".[119]

Egal in welcher Form: Individuelle Aktionen sind einfach nicht genug, selbst wenn sie von persönlichen Netzwerken oder ganzen Bewegungen unterstützt werden. Es geht letztlich um die Politik. Wie wichtig politisches Umdenken ist, hat uns die Coronapandemie noch stärker vor Augen geführt.

Mobilität nach der Pandemie

Zu Beginn der Coronapandemie stand zunächst alles still – mancherorts zwar zu spät, um der Pandemie Einhalt zu gebieten, aber irgendwann doch. Die CO_2-Emissionen sanken auf der ganzen

Welt rasant – erst in China, dann in Europa, in den Vereinigten Staaten und im Rest der Welt. Anfang April 2020, am Höhepunkt vieler Corona-Lockdowns, waren die täglichen CO_2-Emissionen weltweit um bis zu 17 Millionen Tonnen geringer. Praktischerweise lässt sich das mit den täglich etwa einhundert Millionen Tonnen CO_2, die sonst durch den Verbrauch fossiler Brennstoffe weltweit ausgestoßen werden, vergleichen. Prozentuell waren die Emissionen also durch die weltweiten Lockdowns plötzlich um 17 Prozent gesunken.[120]

Das ist einerseits der größte und schnellste Rückgang von CO_2-Emissionen, den es jemals gab. Andererseits zeigt es aber die allzu realen Grenzen auf, denen unser Handeln unterliegt: Wir alle zogen uns in unsere Höhlen zurück und verließen unsere Häuser oft wochenlang nur für das Allernotwendigste.

Dies war eine Radikalkur, die die moderne Welt bislang nicht gesehen hatte.[121] Fast niemand reiste, viel weniger Menschen als sonst pendelten. Trotzdem sanken die Emissionen nur um weniger als ein Fünftel – und das am Höhepunkt der globalen Lockdowns.

Kaum drei Monate später lagen die Emissionen wieder fast genauso hoch wie zu Beginn des Jahres. Insgesamt fielen die CO_2-Emissionen im Jahr 2020 lediglich um fünf bis sieben Prozent.

Das waren freilich nur die Emissionen. Denn der CO_2-Gehalt in der Atmosphäre stieg weiterhin an – und das wird er weiter tun, solange wir CO_2 ausstoßen. Das ist einer der Gründe, welche den Klimawandel zu einem so gewaltigen und langfristigen Problem machen. Um ein oft benutztes Bild heranzuziehen: Es geht um den echten CO_2-Stand in der atmosphärischen Badewanne, nicht nur um den weiteren Zulauf. Jede

Badewanne läuft über, wenn der Zulauf größer als der Abfluss bleibt. Den Zulauf um fünf, sieben oder 17 Prozent zu senken, ist also weit nicht genug: Es gilt, den Wasserhahn zuzudrehen – die Netto-CO_2-Emissionen müssen auf null sinken! Das verspricht mittlerweile nicht nur die EU bis Mitte des Jahrhunderts; auch Japan, Südkorea oder Südafrika haben dieses Ziel. China hat sich das Jahr 2060 zum Ziel gesetzt.[122]

Einige Chancen wurden auf politischer Seite in den ersten Monaten der Coronapandemie tatsächlich wahrgenommen; das Ausnahmeereignis wurde also in mancher Hinsicht zum Beschleuniger bereits bestehender Trends. Städte wie Barcelona und Paris, die schon zuvor geplant hatten, mehr städtische Radwege zu bauen, nutzten die Situation und forcierten ihre diesbezüglichen Ambitionen.

Doch gleichzeitig überhäufen sich die verpassten Gelegenheiten. So gab es auch zahlreiche Familien, die bereits vor der Coronapandemie mit einem Umzug aus der Stadt nach *Suburbia* geliebäugelt hatten – da wurde die Pandemie mitunter zum Anlass, diese Übersiedlung vorzuverlegen. Ein weiterer wichtiger Aspekt wurde während der Pandemie überdeutlich: die enormen sozialen und finanziellen Ungleichheiten. Im relativ armen Stadtteil Corona in Queens etwa gestaltete sich der Alltag in dieser Situation deutlich schwieriger als in anderen Stadtteilen von New York, wo viele reichere Familien die Wahl hatten, wo sie die Pandemie verbringen wollten. Weltweit betrachtet sind solche Ungleichheiten noch stärker ausgeprägt: In vielen ärmeren Ländern können etwa weniger als vier Prozent der Beschäftigten von zu Hause aus arbeiten.[123]

Wird die Pandemie also die Mobilität sowohl beim Pendeln als auch beim Reisen langfristig verändern? Wenigstens in mancher Hinsicht könnte das der Fall sein: Mehr Homeoffice könnte zu spürbar weniger Pendeln führen, was unter ansonsten gleichbleibenden Bedingungen weniger CO_2-Emissionen bedeuten würde. Allerdings bleibt natürlich ansonsten nicht alles gleich: Mehr Homeoffice bedeutet mitunter auch, dass sich mehr Menschen entscheiden könnten, weiter entfernt von Städten zu leben, was wiederum die Wohnflächen wachsen ließe. Und es könnte auch bedeuten, dass zwar die Anzahl der Pendler zurückgeht, gleichzeitig aber Reisen zunehmen: Wenn ich die Arbeit zu Hause in *Suburbia* erledigen kann, ohne ins Büro in die Stadt fahren zu müssen, warum dann nicht in den Bergen oder vom Strand aus?

Wenn die Pandemie zu anderen Veränderungen der Arbeitswelt wie der Vier-Tage-Woche führt, dann ist plötzlich jedes Wochenende ein langes. Die schnelle Südafrikareise wird zwar immer noch der Extremfall sein, doch das Wochenendhaus in Spanien mag schon realistischer werden. Die Grenze zwischen Pendeln und Reisen könnte zusehends verschwimmen. Wenn ich nur einmal pro Woche oder noch seltener persönlich ins Büro muss, könnte das Pendeln schnell Reisedimensionen annehmen. (Ist der Billigflug vom Haus in Spanien nun „Pendeln" oder schon eine wöchentliche oder monatliche Reise?)

All dies ist reine Spekulation. Manche Jungfamilien, die ein Leben in der Stadt ohnehin nur als Zwischenstation vor dem Umzug nach *Suburbia* erachtet hatten, mögen die Coronapandemie als Chance für einen vorverlegten Umzug gesehen haben. Doch viele dieser Effekte waren nur vorübergehender Natur. Die Hälfte unserer unmittelbaren New Yorker Nachbarn – die, die es sich leisten konnten – flüchtete aufs Land, in die Vorstädte und -orte. Dies machte auch das Leben inmitten der Pandemie für uns in New York Verbliebene leichter: Weniger Leute bedeuten weniger Infektionen. Darum ging es bei der Coronapandemie.

Dass dies im Gegensatz zu *Stadt* steht, ist klar: New York ist als Stadt attraktiv, weil es die Anwesenheit so vieler anderer attraktiv macht. Das hat sich auch durch die Pandemie nicht verändert.

Inmitten der Coronapandemie – während Technologieunternehmen wie Facebook und Google ihren Hunderttausenden Mitarbeitern das Arbeiten von zu Hause aus nicht nur ermöglichten, sondern sogar nahelegten – entschied sich Facebook, knapp 70.000 Quadratmeter Bürofläche mitten in New York zu leasen.[124] Das ist auch ein Votum für die eigentliche Stadt, während sich das Hauptquartier des Unternehmens in Silicon Valley, in *Suburbia*, befindet.

Ein Blick in die Geschichte verdeutlich das; es hat in der Vergangenheit teils viel größere Pandemien gegeben. Langfristige Trends hin zur Urbanisierung und zu höher Mobilität setzten sich dabei trotzdem fort und werden es auch jetzt tun.[125]

Mobilität als Chance

Die Tatsache, dass der Drang nach Mobilität trotz Coronapandemie und „Flugscham" weiterwächst, bedeutet auch viel Positives. Klar: CO_2-Emissionen sind schlecht; ebenso der Glaube, immer weiter (und immer schneller) reisen zu müssen, nur weil es möglich ist – das ist weder Urlaub noch Erholung. Allerdings ist das Ideal des Reisens tatsächlich bereichernd: anderes und andere zu erleben, den eigenen Horizont zu erweitern, Verstehen und Verständnis zu fördern. Reisen beinhaltet also echte Zielkonflikte.

Stellen wir uns etwa eine Welt vor, in der jede Europäerin und jeder Europäer einmal längere Zeit auf einem anderen Kontinent verbracht hätte und so andere Länder und Kulturen deutlich besser verstünde. Politik insgesamt – und Klimapolitik im Besonderen – würde sich dadurch erheblich verändern. Dasselbe gilt für die oft als insular wahrgenommene Lebens- und Denkweise der Amerikanerinnen und Amerikaner. Und dabei spreche ich nicht davon, einmal im Leben (oder einmal im Jahr) eine Woche im Strandhotel in Mexiko zu verbringen. Es geht darum, andere Kulturen zu erleben – zu erkennen, dass wir alle auf einem gemeinsamen Planeten leben.

Viele Astronautinnen und Astronauten erzählen davon, wie sie der Anblick des Blauen Planeten aus dem All grundlegend verändert hat. Das Foto des „Erdaufgangs" („Earthrise") hinter dem Mond, das während der Apollo-8-Mission am 24. Dezember 1968 aufgenommen wurde, ist eines der bekanntesten Bilder überhaupt: der fragile, kleine Planet, im Weltall schwebend – unser gemeinsames Zuhause, unsere gemeinsame Heimat, die es zu schützen gilt.[126]

Natürlich können wir nicht die gesamte Menschheit ins All senden, um sie zu enthusiastischen Umwelt- und Klimaschützern zu machen. Eben das macht den Zielkonflikt umso deutlicher, der hier auf der Erde gilt.

★★★

Beim Essen mag es einen Zielkonflikt zwischen vitaminreichen Früchten im Winter einerseits und dadurch verursachten CO_2-Emissionen andererseits geben, doch am Ende ist dieser relativ gering. Beim Reisen hingegen ist der Zielkonflikt mitunter enorm.

Eindeutige Antworten sind wie so oft schwierig. Mehr Zugreisen, dafür weniger Kurzstreckenflüge sind ebenso eine gute Idee wie mehr Nachtzüge und weniger Langstreckenflüge. Europa ist in dieser Hinsicht deutlich weiter als die Vereinigten Staaten. Die Tatsache, dass der Zug von New York nach Chicago vor hundert Jahren schneller war als heute, ist peinlich. Die Tatsache, dass die Zugstrecke von Peking nach Shanghai trotz ähnlicher Distanz in unter viereinhalb Stunden bewältigt werden kann, während es von New York nach Chicago über 24 Stunden dauert, ist noch viel signifikanter.

Bei Atlantiküberquerungen wird es schon schwieriger: Es gibt zwar das eine oder andere Kreuzfahrtschiff, das die Strecke von New York nach Southampton in etwa einer Woche zurücklegt. Diese Reise mit der Queen Mary 2 findet derzeit ein Dutzend Mal jährlich statt. Sie kostet etwa dasselbe wie ein Flug – eine Woche Urlaub inklusive. Für mehr Fahrten fehlt die Nachfrage. Luxus? Klarerweise, vor allem der Zeitaufwand. Und Kreuzfahrtschiffe gelten ebenso zu Recht als Umweltsünder.

Möglichkeiten für nachhaltige Investitionen gibt es zur Genüge, und Technologie spielt auch hier eine große Rolle. Kraftstoffe, die aus Biomasse erzeugt werden, bringen zwar ganz eigene Probleme mit sich, sind jedoch zumeist immer noch besser, als primordiale Sumpfschmiere – auch Erdöl genannt – zu verbrennen. „Nachhaltiges", synthetisches Kerosin – hergestellt aus CO_2 aus der Luft (!) und Strom – spielt nochmals in einer eigenen Liga, Wasserstoff-Brennstoffzellen ebenso. (Mehr dazu im nächsten Kapitel.)

Wieder einmal bedarf es vor allem der Politik. Die Tatsache, dass innereuropäische Flüge mittlerweile vom EU-weiten Emissionshandelsgesetz erfasst werden, ist ein guter erster Schritt, aber nur ein Anfang. Der Flugverkehr genießt insgesamt immer noch viel zu viele direkte und indirekte Subventionen – etwa die Tatsache, dass für Kerosin weder Mineralölsteuer noch Mehrwertsteuer anfallen. Darüber hinaus gelten Fluglinien oft als staatliche Vorzeigeunternehmen und nationaler Stolz, was mit weiteren Subventionen einhergeht. Durch die Coronapandemie bedingte, staatliche Rettungsaktionen gingen zum Teil mit bestimmten Klimaschutzauflagen einher, wie etwa der Auflage, dass Fluglinien auf Kurzstrecken nicht mit der Bahn konkurrieren sollten. Aber diese Auflagen erwiesen sich am Ende doch wieder als äußerst milde. Ein paar wenige Kurzstrecken zu unterbinden, die oft ohnehin nur durch Subventionen aufrechtzuerhalten wären, verändert die Situation kaum.

Am Ende ist es wichtig, zwischen Reisen und täglichem Pendeln zu unterscheiden: Beim Reisen mag es zu echten Zielkonflikten in Sachen Klima kommen – vor allem bei jener Art des Reisens, das zu einer weltoffeneren (Klima-)Politik beiträgt.

Beim Pendeln hingegen ist der Einfluss auf das Klima eindeutig: Weniger Pendeln bedeutet weniger CO_2-Emissionen. Wenn weniger Pendeln auch noch mit weniger Quadratmetern einhergeht, sinken die CO_2-Emissionen weiter. Hier ist also (fast immer) klar: Weniger ist mehr! Die entscheidende Frage ist vor allem das Wie.

Teil IV

WIE

Der Fußabdruckrechner und die Erdöllobbys, Moral und CO_2-Absolution, intelligente Klimapolitik – und die Einladung: Beginnen wir beim individuellen Handeln, sorgen wir für einen Systemwandel!

8 Moral

„beyond petroleum"

An einem Dienstag im November 2018 versammelten wir uns alle im Malkin Penthouse an der Harvard Kennedy School. Am durchwegs eindrucksvollen Campus sticht Malkin nochmals heraus: Glaswände an drei Seiten verleihen dem Raum eine besondere Aura, in der man gerne ein paar an die vierte Wand projizierte Präsentationen in Kauf nimmt; es geht meist ohnehin um den Smalltalk in den Pausen. „Alle" waren in diesem Fall etwa 50 Professorinnen und Professoren, Studierende und andere Forscherinnen und Forscher von den Universitäten Harvard und Tufts sowie eine Handvoll Manager des Öl- und Erdgaskonzerns BP. Das Thema: Klimapolitik.

Das war an diesem Tag besonders brisant: Genau eine Woche zuvor, am 6. November, hatte BP erfolgreich eine CO_2-Steuer im US-Bundesstaat Washington verhindert. Die Steuer wäre nicht hoch ausgefallen: Bei anfänglich 15 Dollar pro Tonne CO_2 sollte sie jährlich um zwei Dollar ansteigen, bis sie 2035 rund 55 Dollar erreicht hätte. BP hatte jedoch alle Kräfte einschließlich 13 Millionen Dollar mobilisiert, um diese Bürgerinitiative an den Wahlurnen zu besiegen.[127]

Dieses Lobbying von BP stand im Gegensatz zum öffentlich allzu gerne vorgetragenen Image des Ölriesen. Inzwischen heißt das Unternehmen nicht mehr „British Petroleum", sondern nennt sich seit dem Jahr 2001 in Kampagnen gerne „beyond petroleum" – kleingeschrieben ist es trendiger.[128] Anfang des Jahrtausends war BP das einzige große Ölunternehmen überhaupt, das öffentlich anerkannte, dass der Klimawandel existiert. Die multimillionenschwere Imagekampagne sollte dies untermauern.

Die CO_2-Steuer-Initiative im Bundesstaat Washington hatte BP jedoch untergraben. Das wussten auch die Vertreter des Unternehmens, die an diesem Dienstag zum alljährlichen gemeinsamen Symposium von BP, Harvard Kennedy School und Tufts Fletcher School gekommen waren. Solche Anlässe finde ich immer etwas amüsant: Im Prinzip wissen alle im Raum, worum es geht – Unternehmen gibt Geld, Uni verleiht Prestige und ein paar Erkenntnisse. (Meist geht es mehr ums Prestige und allgemeinen Einfluss auf die Anwesenden. Die meisten Erkenntnisse sind ohnehin öffentlich bekannt.)

Ebenso amüsant – oder wenigstens interessant – ist bei solchen Anlässen der allgegenwärtige Generationenunterschied: Ältere Professorinnen und Professoren (also eigentlich ausschließlich männliche Vertreter dieser Zunft) scheinen oft nicht weiter über diese Verhältnisse nachzudenken. Es geht um Forschungsgelder, noch dazu um äußerst leicht zu habende. Bei externen Forschungsgeldern erwarten sich die Sponsoren – vor allem Stiftungen und staatliche Forschungseinrichtungen – oft konkrete Forschungsinitiativen. In diesem Fall jedoch ist der jährliche „Gedankenaustausch" die einzige handfeste Gegenleistung.

Viele der jüngeren Forscherinnen und Forscher (zu denen auch ich mich noch zähle) stehen solchen Veranstaltungen eher skeptisch gegenüber. Viele lehnen die Forschungsfinanzierung durch Ölkonzerne aus moralischen Gründen ab. (Auch ich selbst bekam von BP keine Forschungsgelder. Im darauffolgenden Februar nahm ich in London an einem Workshop mit BP-Führungskräften zum Thema Zukunftsszenarien teil, unabhängig von der Verbindung zwischen dem Unternehmen und der Harvard University. Für diesen einen Vortrag wurde ich auch bezahlt – vielleicht bin ich also doch nicht mehr so jung.)

Die allgemeine Skepsis war dieses Mal durch die BP-Kampagne gegen die CO_2-Steuer nur noch größer: Einerseits präsentiert sich BP gerne als „beyond petroleum" und unterstützt – wenigstens am Papier – auf Bundesebene in den Vereinigten Staaten eine CO_2-Steuer in Höhe von vierzig Dollar, andererseits hatte das Unternehmen die viel geringer angesetzte Steuer im Bundesstaat Washington untergraben. Die offizielle Erklärung dazu lautete, dass BP keinen Flickenteppich an Steuern und Regulierungen wolle. Das ist auf den ersten Blick natürlich sinnvoll.

Auf den zweiten Blick wird aber auch offensichtlich, dass es um viel Geld geht: BP betreibt nördlich von Seattle, nahe der kanadischen Grenze, die größte Raffinerie im Bundesstaat Washington. Deren Profite hätten durch die CO_2-Steuer selbstverständlich gelitten. Auf ähnliche Weise hatte der Energiekonzern Chevron, der eine große Präsenz in Kalifornien hat, dort führend gegen jegliche CO_2-Regulierungen lobbyiert, während BP und andere weniger sichtbar auftraten. Und letztlich würde auch eine bundesweite Steuer eher zustande kommen, wenn auf Ebene eines Bundesstaates wie Washington eine solche eingeführt würde.

Skepsis ist bei Werbekampagnen wie „beyond petroleum" daher äußerst angebracht. Nur weil sich BP im Vergleich zu anderen Ölkonzernen in dieser Hinsicht etwas besser präsentiert, heißt das noch lange nicht, dass das Unternehmen vernünftige Klimapolitik unterstützt. Geld übertrumpft Moral. Dabei gibt es auch eine noch deutlich konsequentere Aktion von BP beim Thema CO_2.

Der CO_2-Fußabdruck

Kennen Sie Ihren persönlichen CO_2-Fußabdruck?

Also nicht nur den Durchschnitt. Der liegt für Menschen, die in Europa leben, bei rund acht Tonnen CO_2 pro Jahr, in den Vereinigten Staaten – größere Häuser, längere Wege, meist weniger erneuerbare Energie – bei etwa 16 Tonnen. Durchschnittswerte allein sagen einiges aus: In Frankreich liegen sie niedriger als in Deutschland; in China sind sie mittlerweile auf europäischem

Durchschnitt, in Indien liegen sie unter zwei Tonnen pro Person und Jahr, im Südsudan bei nur 140 Kilogramm CO_2.[129]

Auch ein Blick auf die historischen Trends ist aufschlussreich: Sowohl in Europa als auch – vielleicht überraschend – in den Vereinigten Staaten sind die CO_2-Emissionen in den letzten Jahren gesunken. Nicht schnell genug, aber immerhin. In den Vereinigten Staaten etwa lag der Durchschnitt im Jahr 2005 noch bei ungefähr zwanzig Tonnen pro Person. Die Gründe dafür: Etwa ein Drittel waren Rückgänge beim Konsum, teils verbesserte Effizienz, teils wirtschaftliche Rezession; etwa ein Drittel war dem rasanten Umstieg von Kohle auf Erdgas zu verdanken, ein weiteres Drittel erneuerbaren Energiequellen wie Solar- und Windkraft.[130]

All das meine ich aber hier nicht. Ich meine Ihren ganz individuellen CO_2-Fußabdruck, der nur Ihnen gehört – jenen, den man zum Beispiel mit vegetarischer Ernährung und kürzeren Arbeitswegen höchstpersönlich beeinflussen kann und bei dem selbst ein bisschen weniger Müll ins Gewicht fällt. Diesen kann man mittlerweile mithilfe vieler verschiedener CO_2-Fußabdruck-Rechner ermitteln. Die amerikanische Umweltschutzbehörde bietet einen an, im deutschsprachigen Raum gibt es etwa fussabdruck. de (bereitgestellt von der Stiftung „Brot für die Welt"), mein-fussabdruck.at (vom österreichischen Bundesministerium für Klimaschutz, Umwelt, Energie, Mobilität, Innovation und Technologie) oder den Footprint-Rechner des World Wide Fund for Nature auf wwf.ch. Jede Umweltschutzgruppe scheint einen zu haben.

Fußabdruck-Rechner werden inzwischen breit diskutiert – Wissen ist Macht: Erst sollte man sich über seine persönliche Situation bewusst sein, um dann entsprechend handeln zu können.

***

CO_2-Fußabdruck-Berechnungen gehen auf das Konzept des ökologischen Fußabdrucks zurück, welches vom kanadischen Populationsökologen William Rees und seinem damaligen Doktoranden,

dem Schweizer Mathis Wackernagel, entwickelt wurde. Wacker-
nagel gründete 2003 das *Global Footprint Network*, eine überaus
erfolgreiche Denkfabrik mit Sitz in Oakland, Kalifornien, und
Büros in Brüssel und Genf. Ihr gemeinsames Buch mit dem
Titel „Our Ecological Footprint" (in der deutschen Übersetzung:
„Unser ökologischer Fußabdruck") wurde zum Bestseller.[131]

Auf dem Konzept des ökologischen Fußabdrucks basiert
auch der „Earth Overshoot Day", der „Erdüberlastungstag". Dieser
Aktionstag ist Teil der jährlichen Kampagne von Wackernagels
Denkfabrik. Er zeigt auf, ab welchem Tag im Jahr die menschliche Nachfragemenge nach nachwachsenden Rohstoffen das weltweite Angebot übersteigt. Jährlich wächst global etwa eine gewisse
Menge an Holz, allerdings wird auch immer mehr abgeholzt. Im
Jahr 1970 war der Erdüberlastungstag zum ersten Mal vor dem
31. Dezember. Im Jahr 2020 war es der 22. August.[132] Die Schlussfolgerung: Im Jahr 1970 überstieg der jährliche globale Verbrauch
zum ersten Mal die Kapazität der Erde. Im Jahr 2020 „verbrauch-
ten" wir 1,6 Erden.

Was tun? Die Kampagne des *Global Footprint Network* hat
mittlerweile ihren eigenen Hashtag: *#MoveTheDate*. Es gilt, den
Tag im Kalender wieder nach hinten zu schieben. Auf der zuge-
hörigen Website gibt es auch Tipps, die alle mehr oder weniger
bekannt sind: weniger Fleisch essen, weniger Lebensmittel verschwenden, ökologischer reisen, per Fahrrad pendeln oder etwa
mit weniger Kleidungsstücken auskommen.[133]

Das klingt alles erst einmal gut. Moralisch zu handeln ist
lobenswert. Auch die Statistiken sprechen für sich: Weltweit fünfzig
Prozent weniger Fleisch zu verbrauchen, würde den Erdüberlastungstag um ganze 17 Tage nach hinten verlegen. Überschüssige
Klamotten machen drei Prozent des Fußabdrucks aus – Garde-
robe besser auswählen spart Geld und schützt die Erde! Viele der
empfohlenen Schritte haben auch positive Nebenwirkungen: Vom
Verbrennungsmotor auf das Fahrrad umzusteigen, macht sowohl

Erde als auch Mensch fit, die eigene Geldbörse ebenso. Das Ziel der Aktion ist es, für ein gänzliches Umdenken im Hinblick auf das persönliche Handeln zu sorgen. Das ist alles gut.

Doch was fehlt? Überraschenderweise etwa die Wohnfläche! Es geht um den persönlichen Fußabdruck. Warum also sollte die Website nicht darstellen, wie viel die Größe der eigenen Wohnfläche mit dem persönlichen ökologischen Fußabdruck zu tun hat? Die Antwort ist klar: Es geht darum, Menschen zunächst zu kleinen Schritten zu motivieren – Optimismus zu verbreiten, dass *#MoveTheDate* durch kleine, individuelle Schritte möglich sei.

Das ist das Ziel vieler dieser Fußabdruck-Berechnungen: Es geht darum, persönliche Wirkungskraft zu vermitteln. Du selbst kannst einen großen Unterschied bewirken! Das Problem mag global sein, aber letztlich scheint es auf diese Weise lösbar: Einmal pro Woche auf Fleisch verzichten, und schon sinkt der Fußabdruck!

Pragmatischer Optimismus: „Wir schaffen das!" Persönliche Fußabdruck-Rechner sind daher nicht zu Unrecht sehr beliebt.

Dabei erhielten die Denkfabriken und Umweltschutzorganisationen Unterstützung von unerwarteter Seite – vom Erdölkonzern BP. Das Unternehmen präsentierte im Jahr 2004 zum ersten Mal seinen CO_2-Fußabdruck-Rechner, als Teil einer großen Marketingkampagne mit der großen internationalen Werbeagentur Ogilvy & Mather.[134] Der Rechner von BP war einer der ersten überhaupt und in jedem Fall einer der prominentesten. BP ließ sich die Kampagne alleine in den Vereinigten Staaten über einhundert Millionen Dollar pro Jahr kosten[135] – von einem solchen Kampagnenbudget können selbst die größten Umweltschutzorganisationen nur träumen.

Der BP-Rechner wurde einer der erfolgreichsten: Im Jahr 2004 alleine berechneten damit 278.000 Personen ihren CO_2-Fußabdruck. Wir haben es also BP zu verdanken, dass so viele Menschen schon vom Konzept des CO_2-Fußabdrucks gehört haben. Der einprägsame Slogan der Kampagne erklärte, es sei Zeit für eine *Low-Carbon Diet*, eine „CO_2-arme Diät". Es wäre verlockend, es bei dieser guten Nachricht zu belassen: BP zeigte Einsicht, und die Marketingkoryphäen von Ogilvy & Mather fanden einen Weg, uns allen die „CO_2-arme Diät" zu verkaufen. Dass die Kampagne von einem der größten Erdölkonzerne bezahlt wurde, könnte letztlich egal sein. Ende gut, alles gut?

So einfach ist es leider wieder nicht: Egal, was man von Ölkonzernen halten mag – dumm sind sie nicht. BP möchte sich mit dieser Initiative nicht seiner eigenen Existenzgrundlage berauben. Ganz im Gegenteil. Und damit ist BP nicht allein.

CO$_2$-Absolution

Viele Fluglinien bieten ihren Gästen mittlerweile die Möglichkeit, für ihre persönlichen CO_2-Emissionen zu bezahlen. Zuerst bezahlt man das Flugticket – so viel Zeit muss sein. Dann kommt die Frage: „Möchten Sie die CO_2-Emissionen, die ihr Flug verursacht, kompensieren?" Ja, bitte! Man möchte Gutes tun, moralisch handeln. Die eigenen Kinder blicken vielleicht über die Schultern. Der „Erdüberlastungstag" kommt auch bald, oder vielleicht der „Tag der Erde" oder die „Stunde der Erde", in der man eine Stunde lang das Licht ausmacht. Wie auch immer: Auf den Flug gänzlich zu verzichten, geht nicht – Urlaub muss sein. Der moralische Schritt also: CO_2-Emissionen kompensieren.

Lufthansa bietet ein passendes Beispiel. Nach der Entscheidung, die eigenen CO_2-Emissionen zu kompensieren, geht es direkt zur Seite mit der ersten Frage: „Wie schnell möchten Sie

Ihre CO_2-Emissionen kompensieren?" Das Angebot reicht von „sofort" bis „zwanzig Jahre". Sofort bedeutet, für die Forschung an und Entwicklung von „nachhaltigem", synthetischen Kerosin – gewonnen aus CO_2 aus der Luft und Strom – zu bezahlen. Die Technologie hat den vielversprechenden Namen *direct air capture* oder auch *carbon dioxide removal* – es geht also um das Einfangen von CO_2 aus dünner Luft. Klingt teuer, ist es auch: Lufthansa berechnet dafür 500 Euro pro Tonne. Andere Schätzungen liegen mittlerweile bei etwa 100 bis 250 Dollar pro Tonne.[136] Diese Technologie wäre in vielerlei Hinsicht die ultimative klimaneutrale Lösung für die Luftfahrt. (Eine weitere vielversprechende Möglichkeit wäre, Energie durch Wasserstoff-Brennstoffzellen zu erzeugen, doch für einen kommerziellen Flug über den Atlantik kommen diese nicht so schnell infrage.)

Am anderen Ende des Spektrums gibt es die Möglichkeit, Bäume zu pflanzen. Das ist ebenfalls eine gute Idee; in diesem Fall geht es um Aufforstung in Nicaragua. Es dauert freilich etwas, bis die Bäume groß genug sind, um das mit dem eigenen Flug verursachte CO_2 wieder aus der Luft geholt zu haben – deshalb die angegebenen zwanzig Jahre.

Ein Blick auf die Kosten erleichtert die Qual der Wahl: Für einen Flug von München nach New York kostet synthetisches Kerosin, das die eigenen CO_2-Emissionen sofort kompensieren würde, rund 200 Euro pro Richtung, hin und retour also insgesamt 400 Euro. (Für alle, die sich noch an die Berechnung im letzten Kapitel erinnern, laut der ein Rundflug von München nach New York mit 2,5 Tonnen CO_2 zu Buche schlägt: Der Lufthansa-Rechner nimmt weniger als eine Tonne an CO_2-Emissionen für diesen Hin- und Rückflug an. Die Bandbreite der Berechnungen ist oft groß. Warum ausgerechnet der Lufthansa-Rechner einige der niedrigsten Schätzungen liefert, ist wieder eine andere Frage.) Mit diesen 400 Euro wird der Gesamtpreis schnell doppelt so hoch. Im Gegensatz dazu kostet die Aufforstung in Nicaragua fast nichts: gerade einmal 16 Euro für Hin- und Rückflug über den Atlantik.

Man muss sich nun entscheiden: Entweder kostet die CO_2-Kompensation für die vierköpfige Familie viermal 400 Euro, zusammen stolze 1600 Euro – das fällt ins Gewicht. Oder sie kostet 64 Euro. Die Kinder sehen immer noch zu, gänzlich auf die gute Tat zu verzichten ist also keine Option mehr. Ein kurzer Blickkontakt zwischen den Eltern und ein Augenzwinkern später steht die Entscheidung fest: Bäume pflanzen zu lassen ist doch auch viel einfacher zu erklären, als über synthetisches Kerosin zu referieren. Noch dazu lässt sich das mit einer kurzen Geografielektion verbinden – vielleicht können wir Nicaragua sogar mal besuchen und „unsere" Bäume ansehen!

Schnell die Kreditkartennummer eingeben, und 64 Euro später ist alles klar. Es mag zwanzig Jahre dauern, bis das CO_2 unserer einen Flugreise wieder aus der Atmosphäre verschwindet, aber immerhin. Dem Urlaub steht nichts mehr im Wege – und die Kinder haben gleich ein Thema für ihren Schulaufsatz zum „Tag der Erde": Gutes getan, moralisch gehandelt.

Eine solche Form der CO_2-Kompensation, die wirklich macht, was sie verspricht, klingt zunächst einmal gut.

Die Formel ist simpel: „Flug" + „Bäume pflanzen" ist besser als der Flug allein, ohne jegliche Bäume und gänzlich ohne synthetisches Kerosin. Allerdings ist das leider nicht der richtige Vergleich: Am Ende geht es nicht um „Flug + Bäume" versus „Flug", sondern es geht um *„Flüge* + Bäume" versus „Flug". Es geht darum, dass die CO_2-Kompensation einen weiteren Effekt hat: mehr Flüge!

Das mag mich selbst nicht sofort betreffen: Nur weil ich zusätzlich zum Ticketpreis für einen einzelnen Hin- und Rückflug über den Atlantik 16 oder gar 400 Euro bezahlen darf, heißt das nicht, dass ich persönlich sofort eine zweite Rundreise antrete, bei der ich wieder genauso vorgehe. Doch Lufthansa und viele weitere Fluglinien, die ihren Kundinnen und Kunden diese CO_2-Kompensationen verkaufen, sind genauso wenig dumm wie BP: Sie bieten die Möglichkeit der freiwilligen CO_2-Kompensation nicht an, um uns von weiteren Flügen abzuhalten.

Ganz im Gegenteil: Es geht den Fluglinien darum, *mehr* Tickets zu verkaufen. Es geht ihnen darum, der „Flugscham" Einhalt zu gebieten und stattdessen sogar „Flugstolz" zu verbreiten. Es geht um die moralische Lizensierung, dass CO_2-Kompensationen das Fliegen wieder vertretbar machen. Dazu gehört ein Baum am Titelblatt des jährlichen Geschäftsberichtes wie auch eine Reportage im Bordmagazin über die Aufforstung in Nicaragua. Die vermittelt einerseits das Gefühl, dass CO_2-Kompensation recht und gut ist – und sie enthält auch eine Kurzbeschreibung, wie man mit Lufthansa und seinen Partnern ebendiese Bäume in Nicaragua besuchen könnte.

***

Um Missverständnissen vorzubeugen: CO_2-Kompensation ist per se nichts Schlechtes, Bäume zu pflanzen auch nicht. Natürlich sollten wir mehr Bäume pflanzen! Bäume sind zwar keine permanente Klimalösung; sie sterben irgendwann, wodurch das während des Wachstums gesammelte CO_2 wieder freigesetzt wird. Doch solange daraus neuerlich Wald entsteht, wächst immer wieder ein Baum nach. Wälder für die Nachwelt zu erhalten, ist sowohl für das Klima als auch für die Natur gut.

Noch besser im Hinblick auf Flüge wären Wasserstoff-Brennzellen oder das rein synthetische Kerosin: Die Herstellung selbst ist zwar energieaufwendig, aber solange all das in die Kalkulation miteinbezogen wird und ebenfalls CO_2-frei funktioniert, ist synthetisches Kerosin immer noch besser als solches, das aus Erdöl gewonnen wird. Diese technischen Lösungen wären so ziemlich die einzigen derzeit denkbaren, durch die sogar Fernreisen fast gänzlich klimaneutral gemacht werden könnten.

Doch egal, welche Technologie zur CO_2-Kompensation herangezogen wird: Auf individuelle Klimamoral lässt sich die Lösung des Klimaproblems in keinem Fall stützen. Lufthansa erklärt auf der Website zwar stolz, dass „von der Gemeinschaft" mittlerweile fast eine Million Euro für synthetisches Kerosin ausgegeben wurde. Hochgerechnet sind das jedoch weniger als 2000 Tonnen CO_2 – das entspricht rund 15 vollbepackten Transatlantikflügen, wohlgemerkt in eine Richtung. Das schafft Lufthansa allein an einem einzigen guten Reisetag. Insgesamt werden in Deutschland weniger als ein Prozent der Flüge kompensiert.[137]

Von Einzelaktionen zur Klimapolitik

Ohne echte politische Regelung macht selbst die nobelste individuelle Klimamoral kaum einen Unterschied. Manchmal ist sie sogar ein Schritt zurück, wenn ich dadurch etwa eher ins Flugzeug steige. Das wissen Unternehmen wie Lufthansa und BP. Glücklicherweise weiß es auch die Europäische Union, die innereuropäische Flüge im EU-weiten CO_2-Emissionshandelsgesetz erfasst.[138] Der Rest der Welt hinkt in dieser Hinsicht noch deutlich hinterher.

Allerdings ist auch das EU-System keine Blankovollmacht für moralisches Fliegen: Der Preis pro Tonne CO_2 liegt nicht etwa bei 100 oder 200 Euro – er entspricht dem Preis von EU-Emissionshandelszertifikaten, die rund die Hälfte aller EU-weiten CO_2-Emissionen abdecken. Derzeit sind das rund 25 bis 30 Euro pro

Tonne, Tendenz steigend. Das ist mehr als Bäume in Nicaragua, aber um einiges weniger als synthetisches Kerosin.

***

Es geht daher in fast jeder Hinsicht um Änderungen im Gesamtsystem. Individuelle Moral ist dabei wichtig, allerdings kann sie auch nicht zu wichtig sein. Denn dann sitzen wir wieder genau dort, wo uns BP im Jahr 2004 haben wollte: vor dem CO_2-Fußabdruck-Rechner. Es muss um viel mehr als solche Einzelaktionen gehen.

Letztlich geht es um die Umlenkung der großen Wirtschaftsströme. Das bedarf Entscheidungen in der Politik. Es bedarf gesellschaftlicher, technologischer und politischer Durchbrüche. Das ist alles leichter gesagt als getan, wie Niccolò Machiavelli in seinem berühmtem „Il Principe" („Der Fürst") schon im 16. Jahrhundert erkannte.[139] Irgendwo gibt es immer eine Interessenvertretung, die dem moralischen politischen Fortschritt im Weg steht.

Ich mache mir keine Illusionen: Politisch einfach sind die Lösungen definitiv nicht. Wenn wie bislang in den Vereinigten Staaten eine der beiden politischen Großparteien das Klimaproblem viel zu lange praktisch leugnet, dann ist es fast egal, welche Lösung man präsentiert. Jeder Traum von einer noch so pragmatischen Lösung platzt, wenn man sich des Problems nicht bewusst ist. Auf engstirnigen Lobbyismus hält Washington, D.C., freilich kein Monopol: Auch die EU ist dagegen nicht immun. Der Klimaforschung selbst politische Motive zu unterstellen, ist da wie dort eine allzu oft angewandte Methode.

Solche Art von negativem Lobbying passiert häufig in drei Schritten: Der erste Schritt ist einfach die Leugnung des Problems an sich. Warum dies überhaupt noch der Fall sein kann, ist wieder eine ganz andere Frage – vorsätzliche Blindheit spielt ebenso eine gewisse Rolle wie Pflichtversäumnis. Der „Klimaschock", den ich in meinem letzten Buch beschrieben habe, ist jedenfalls allzu real:[140] Der CO_2-Gehalt in der Atmosphäre war zum letzten Mal vor mehr als 3,1 Millionen Jahren so hoch wie heute – im Pliozän. Die Meeresspiegel lagen damals um mindestens zehn bis dreißig Meter – Meter! – höher als heute.

Der zweite Schritt ist ein Blick auf die Kosten – meist freilich auf die direkten, eigenen Kosten. Diese sind zum Teil hoch: Stahl oder Zement zu produzieren, ist CO_2-intensiv. Stahl mithilfe sauberer Elektrizität zu produzieren oder das bei der Stahl- und Zementproduktion anfallende CO_2 wieder einzufangen, ist teurer, als es nicht zu tun. Das gilt jedoch nur für das Unternehmen selbst – für die Gesellschaft als Ganzes ist es ganz anders: Hier beinhaltet die Kosten-Nutzen-Rechnung auch die Kosten des Klimawandels. Trotz aller Ungewissheiten zeigt selbst das, was wir als Klimaforscher wissen und als Klimaökonomen quantifizieren können, dass die echten CO_2-Preise bei mindestens 100 bis 200 Euro und oft noch mehr pro Tonne CO_2 liegen müssten.[141]

Die Frage des echten CO_2-Preises wird heiß diskutiert, doch alle aktuellen klimaökonomischen Erkenntnisse zeigen klar: Je mehr wir wissen *und* je größer die Ungewissheiten sind, desto höher ist auch der Preis.[142]

Diese Diskussion führt oft direkt zum dritten und schädlichsten Schritt des Lobbyings gegen Klimapolitik: Scheinbar kontraintuitive „Erkenntnisse", die auf den ersten Blick wie logische Einwände scheinen, werden als gänzlich neue Einsichten verkauft.

Allen voran wird oft die „räumliche Verlagerung" von CO_2-Emissionen genannt – kurz gesagt ein „Emissionsleck": Warum sollten wir eine Maßnahme hier vor Ort setzen, wenn ohnehin nur „dort drüben" die Emissionen steigen? Von moralischen Einwänden und Hurra-Patriotismus einmal abgesehen, mag das auf den ersten Blick logisch klingen. Manchmal findet sich auch eine von der betroffenen Industrie gesponserte „Studie", die beschwört, wie durch klimapolitische Maßnahmen vor Ort die CO_2-Emissionen insgesamt sogar ansteigen würden; schließlich sei unsere Technologie „hier" besser als „dort".

Klingt alles irgendwie schlüssig – stimmt nur meist nicht. Erstens führen technologische Fortschritte meist dazu, dass neuere Produktionsstätten auch neuere Technologien verwenden. Dazu kommen strategische Elemente, die solche Argumentationen oft vollkommen missachten – Ökonomen nennen es Spieltheorie, Politikwissenschaftler und Politiker einfach Diplomatie. Es geht ja nicht bloß darum, dem anderen schnell eins auszuwischen und daraus momentane Vorteile zu erzielen. Vielmehr geht es darum, für ein globales Problem eine globale Lösung zu finden.

Ich lasse mich hier gerne der politischen Naivität bezichtigen, doch es gab zu diesem Thema auch einen Ökonomie-Nobelpreis, jenen an Elinor Ostrom für ihre Arbeit zu Netzwerkeffekten. Diese sind in Städten und kleineren Gemeinschaften zwar viel stärker ausgeprägt als in der internationalen Staatengemeinschaft, aber das Prinzip ist dasselbe.[143] Es mag überraschen, doch insgesamt ist die „strategische" Lösung, die auf ebendiesen Netzwerkeffekten basiert, fast ident mit der global optimalen. Das heißt: Das, was ein einzelnes Land mit Blick auf Gegenseitigkeit auch im Eigeninteresse tun sollte, kommt jener Lösung nahe, die eine globale Weltregierung erzielen würde.[144] Die Politik darf die räumliche Verlagerung von CO_2-Emissionen nicht ignorieren, doch diese sollte nicht als Ausrede für mangelhafte Klimapolitik herhalten.

Ein eng verwandtes Argument ist die „zeitliche Verlagerung" von CO_2-Emissionen. Dieses wird auch als „grünes Paradox" bezeichnet; bekannt gemacht hat diese These der deutsche Ökonom Hans-Werner Sinn.[145] Dieses Paradox besteht laut Sinn darin, dass die Aussicht auf zukünftig strengere Klimapolitik dazu führe, dass etwa Erdölkonzerne jetzt mehr Öl fördern. Die Emissionen würden daher trotz – oder gerade wegen – klimapolitischer Maßnahmen ansteigen. Auch das klingt auf den ersten Blick schlüssig: Dieses Phänomen können wir in der Realität beobachten. Die OPEC reagiert immer wieder auf plötzlich erwartete zukünftige Nachfragerückgänge, indem sie versucht, die Erdölförderung sozusagen zeitlich vorzuverlegen.

Noch viel direkter kann man dieses Verhalten im Kleinen beobachten: Gesetzliche Regulierungen zum Schutz bestimmter Tierarten treten nicht sofort in Kraft, sondern immer mit bestimmten Fristen. Wenn nun die Aussicht bestünde, dass eine bestimmte Eulenart gesetzlich als „gefährdet" bezeichnet würde, reagieren plötzlich Landbesitzer, indem sie innerhalb kurzer Zeit mehr Bäume als sonst abholzen, nur um zu vermeiden, dass die künftig geschützte Eule später am eigenen Grundstück gesichtet wird und dies etwa zu einem Baustopp führt.[146]

Auch diese zeitliche Verlagerung gibt es in der Umwelt- und Klimapolitik tatsächlich. Doch was tun? Ganz aufgeben und gar keine Umwelt- oder Klimapolitik mehr zu betreiben, ist bestimmt nicht die richtige Antwort, auch wenn dies Lobbyisten, die solche Verlagerungen aufzeigen, gerne hätten.

Es bedarf stattdessen – das ist natürlich immer leichter gesagt als getan – einer intelligenteren Art von Politik. Beim Schutz der bedrohten Eule würde das bedeuten, sich nicht nur auf nationale Artenschutzgesetze zu verlassen, sondern dass auch die lokalpolitischen Akteure gefragt sind, einen Bauansturm während der vorgesehenen Übergangsfrist bis zum Inkrafttreten des Gesetzes zu unterbinden.

Für die Klimapolitik muss das bedeuten, zeitlich bedingte (Über-)Reaktionen in die Planungen miteinzubeziehen. Das heißt etwa, das Angebot fossiler Brennträger noch genauer unter die Lupe zu nehmen: Kohleminen, die kurzfristig noch mehr Kohle fördern wollen, bevor sie endgültig bankrottgehen, sollte genau das verunmöglicht werden. Das könnte einerseits den Aufkauf dieser Minen durch die öffentliche Hand bedeuten. Andererseits wäre es politisch notwendig, die weitere Kohleförderung durch Regulierung und andere Maßnahmen teurer beziehungsweise alternative Energieformen günstiger zu machen. Leicht ist auch das nicht: Sowohl die Minenbesitzer als auch die Bergarbeitergewerkschaften werden ein Wörtchen mitreden wollen. Doch die Kohleförderung ist nun einmal ein Relikt aus der fossilen Vergangenheit – besser ein schneller, gut gemanagter Übergang als der echte Bankrott ein paar Jahre später.

Die richtige Reaktion auf gegenwärtige CO_2-Erhöhungen, die durch zukünftige Klimapolitik verursacht werden, wäre deshalb, noch viel effektivere Klimapolitik zu betreiben. Verlagerungen von CO_2-Emissionen taugen nicht als Ausrede – sie sind vielmehr eine Aufforderung zum noch entschlosseneren Handeln!

Etwas Ähnliches gilt für einen weiteren Effekt, der immer wieder als Argument gegen Klimapolitik genannt wird: den *Rebound*-, Abprall- oder Bumerang-Effekt. Diesem Phänomen sind wir inzwischen schon mehrfach begegnet. Die Antwort lautet auch hier, sich einerseits nicht *nur* auf Effizienzstandards zu verlassen und andererseits genau diese Standards noch stärker zu forcieren.

Auch wenn sich bestimmte Lobbys immer wieder dafür einsetzen: *In*effizienz ist nie die richtige Antwort.

Die echten Antworten beim Klimaschutz liegen in der Politik – und zwar nicht bloß im Umweltressort: Intelligente Klimapolitik muss ganzheitlich intelligente Politik bedeuten. Sie betrifft Energie-, Finanz- und Infrastrukturpolitik ebenso wie Agrar- und Gesundheitspolitik, Außen- und Entwicklungspolitik ebenso wie Bildungs- und Forschungspolitik, Innen- und Verkehrspolitik ebenso wie Arbeits- und Wirtschaftspolitik.

Börsenaufsichtsbehörden sollten das Klimarisiko ebenso ins Auge fassen wie Zentralbanken und das Bundesaufsichtsamt für das Versicherungswesen, wo auch immer systemisches Risiko eine Rolle spielt. Banken, Versicherungen und Unternehmen, die sich dem Klimarisiko überproportional aussetzen, sollten ebenso von den entsprechenden Behörden reguliert werden wie jene, die es selbst verursachen.

Wo also beginnen? Überall und nirgendwo – oder: in der Stadt und bei der Moral!

*Stadt*moral

Von unserer Wohnung aus blicken wir auf eines der Ultra-Luxus-gebäude von Manhattan. Im Penthouse im siebenten Stock wohnte bis vor Kurzem die Exfrau des Milliardärs Michael Bloomberg, im Erdgeschoss ein ehemaliger Banker. Es dauerte ein wenig, bis wir herausfanden, wer die anderen Personen waren, die in der Erdge-schosswohnung ein und aus gingen: Eine junge Dame führte als *Dog Walker* täglich die drei Hunde aus, täglich kamen auch der Koch und das Zimmermädchen, einmal pro Woche zwei Gärtner. Zwei junge Mittzwanziger schienen Kinder aus erster Ehe zu sein, die neue Gattin war wohl im selben Alter. Als dann ein Baby zur Welt kam, zogen alle weiter – die Wohnung steht derzeit leer. Monatsmiete: 30.000 Dollar, mehr als der durchschnittliche ame-rikanische Netto-Jahreslohn.

Doch das ist nicht der einzige Ausblick aus unserer Wohnung: Unlängst konnten wir auf der Straße stundenlang eine Gruppe Drogensüchtiger beobachten, einschließlich Wegwerfhandys, gegenseitiger Diebstähle und zumindest eines (erfolgreichen) Wiederbelebungsversuchs.

Die *Homeschooling*-Lektionen für unsere beiden Grund-schüler ergaben sich von selbst: Sozialkunde, gesundheitliche

Aufklärung und Ethikunterricht – verbunden mit ein wenig kindlicher Detektivarbeit samt passender Kappe und einem penibel von unserem Siebenjährigen geführten Tagebuch. Die Unterrichtsthemen von Ökonomie und Kapitalismus über Steuern und Einkommensunterschiede bis zur Politik sind immer noch Inhalt reger Gespräche.

Dem Anderen zu begegnen, ist in der Stadt völlig normal. Bestimmte Enklaven lassen sich oft nicht leicht aufbrechen; das Reichenviertel mit den pompösen Villen ist eine andere Welt als die Sozialwohnungsblöcke. Probleme gibt es viele. Lösungen – ob politisch, sozial oder technisch – liegen aber ebenso nahe, und zwar nicht nur geografisch. Die städtische Dynamik garantiert, dass immer irgendwo ein Experiment stattfindet, das den Weg weisen könnte, etwa bei der Architektur und der Raum- und Verkehrsplanung. Manche Fortschritte werden durch echte städtische Visionen angetrieben, andere finden ganz organisch statt.

Mein Lieblingscafé gleich an der nächsten Ecke heißt *Gasoline Alley*, also wörtlich übersetzt „Benzingasse". Vor fünf Jahren war dort noch eine Tankstelle.[147] Jetzt steht dort ein Wohnhaus. Was manchen als New Yorks „Benzinwüste" gilt, da es in Manhattan südlich der 96. Straße nur noch weniger als ein Dutzend Tankstellen gibt, würde ich als zukunftsweisendes Zeichen beschreiben. An der Wand im *Gasoline Alley* hängt ein Fahrrad. Dabei bedurfte es keiner großen, strategischen Raumplanung. Radwege helfen natürlich, und New York hinkt da vielen anderen Städten hinterher. Doch die Tankstellen verschwanden ganz von selbst.

Es klingt wie ein Klischee – und ist es oft auch –, aber die einzige Konstante ist die Veränderung. Unser eigenes Wohnhaus wurde vor fast 200 Jahren errichtet, damals bestand es aus zwei Einfamilienhäusern für reiche Familien. In den 1880er-Jahren kaufte der Pharmazeutik-Unternehmer Charles Crittenton beide Häuser und richtete dort die *Florence Crittenton Mission* für „gefallene Frauen" ein, einen Zufluchtsort für Waisen, Ausreißerinnen, Prostituierte und andere

Frauen ohne Familie und Zuhause. Die *New York Times* beschrieb das Haus damals als Teil einer „Reihe von Häusern von niedrigstem Charakter".[148] Teil der Mission waren mitternächtliche Bibelrunden und andere Reformierungsversuche. Sie zog 1913 weiter.

Im Jahr 1916 gründete die Krankenschwester Margaret Sanger in einem anderen Teil von New York die erste Klinik für Familienplanung, in den Folgejahren eine Vorreiterorganisation von *Planned Parenthood*, der mittlerweile größten und bekanntesten Organisation für „geplante Elternschaft".[149] Diese betreibt auch die Abtreibungsklinik gegenüber unseres Hauses, die Kreuzung nebenan heißt heute Margaret Sanger Square. Gleich nebenan befindet sich das katholische Eventzentrum, nur durch eine Hauswand getrennt.

Reichtum und Armut, diametral entgegengesetzte moralische Positionen – all das findet sich in der Stadt nahe beieinander. *Stadt* zieht oft jene an, die eine liberale Lebenseinstellung mitbringen, und das Stadtleben begünstigt ebendiese Einstellungen. Andere, die ihren Heimatort nie verlassen haben, wählen oft konservativ, während modernes Nomadentum mit Progressivität in Verbindung steht:[150] Das Land wählt rechts, die Stadt links, das ist fast immer und überall so.[151] Soziale, technologische und politische Innovation sind oft eng verbunden. Progressive Bewegungen entstehen historisch oft in Städten, verschiedene Klimaschutzbewegungen ebenso.

***

Es wäre allerdings zu einfach, die Welt einfach in links und rechts einzuteilen und dann in eine bevorzugte Richtung zu zeigen. Ja, Klimaschutz verlangt nach kollektivem statt rein individuellem Denken, und das findet sich eher links als rechts. Allerdings liegt der Ursprung des Naturschutzes selbst im konservativen Denken – das im Englischen gebräuchliche Wort *conservation* („Konservierung") teilt nicht zu Unrecht den gleichen Wortstamm.

In den Vereinigten Staaten waren es historisch durchwegs republikanische Präsidenten, die für Natur- und Umweltschutz verantwortlich zeichneten. Das begann mit dem Republikaner Ulysses S. Grant, der 1872 mit dem *Yellowstone National Park* den ersten Nationalpark der Welt ins Leben rief. Richard Nixon, dessen Präsidentschaft in Beschämung und Rücktritt endete, war während der Umweltschutzdekade schlechthin, in den 1970er-Jahren, im Amt. Es waren zwar progressive Kräfte, die damals auf neue Gesetze drängten, doch die Unterschrift kam von Nixon: Damals entstanden die amerikanische Umweltschutzbehörde sowie rund ein Dutzend äußerst fortschrittlicher nationaler Gesetze zum Luft-, Wasser- und Artenschutz. Das Luftschutzgesetz wurde im Jahr 1990 wiederum unter einem Republikaner, George H. W. Bush, novelliert, wofür es große überparteiliche Zustimmung gab: In der Abstimmung im Repräsentantenhaus stimmten 401 Abgeordnete für das Gesetz und nur 21 dagegen, im Senat war das Ergebnis 89 zu 11 Stimmen.

Heute hat sich das politische Bild in den Vereinigten Staaten freilich grundlegend verändert. Die Republikaner sind seit mittlerweile zwanzig Jahren die Anti-Umwelt-Partei schlechthin, was sich besonders beim Thema Klimasch(m)utz bemerkbar macht. Es sind fast ausschließlich die US-Demokraten, die sich für Klimaschutz einsetzen. Deutschland vermittelt mit Angela Merkels Unterstützung der Energiewende ein gänzlich anderes Bild. Freilich gibt es da wie dort auch große Unterschiede, was als politisch „rechts" und „links" gilt, und diese Unterschiede wird es noch lange geben. Aber muss das wirklich der Fall sein?

Interessenspolitisch betrachtet waren es oft sowohl rechte als auch linke Initiativen, die sich gemeinsam gegen ambitionierte Klimapolitik gestellt haben: Wirtschaftsvertreter und Arbeitnehmervertreter haben oft ähnliche Anliegen und lobbyieren sogar gemeinsam.[152] Sowohl die Kohleindustrie als auch die Bergarbeitergewerkschaften treten gegen effektivere Klimapolitik auf.

Umgekehrt gibt es gesamte Wirtschaftszweige, wie der Elektrizitätssektor, die erkennen, dass sie von einer CO_2-freien Zukunft selbst profitieren – egal ob Unternehmer oder Arbeitnehmer, Wirtschaftslobby oder Gewerkschaft. Das größte Energieunternehmen der Vereinigten Staaten ist nicht mehr der Mineralölkonzern Exxon, sondern NextEra Energy, der weltweit größte Produzent von Wind- und Solarenergie.[153] Die Energierevolution bringt also auch das traditionelle Lobbying-Muster und traditionelle politische Allianzen ins Wanken.

Ähnliches gilt für politische und soziale Einstellungen im Kleinen – bis hin zur eigenen Familie.

***

Es scheint oft verlockend, die Stadt als Sündenpfuhl abzutun: „Sin City!" Auf den ersten Blick mag es stimmen: Die Scheidungsrate etwa ist in der Stadt immer schon höher.[154] Das hat allerdings wenig mit Stadt an sich zu tun, sondern mit gesellschaftlichen Normen, welche auch für die Flucht nach *Suburbia* verantwortlich zeichnen:[155] Viele Familien zieht es aus der Stadt, weil man das als Familie einfach so macht. Wenn also, überspitzt gesagt, jede Jungfamilie mit Kindern aus der Stadt zieht und nur noch junge (oder jung gebliebene) kinderlose Paare hier verweilen, dann gibt es in der Stadt auch leicht höhere Scheidungsraten. Es ist das Land, das traditionell auf die Familie fokussiert ist. *Suburbs* liegen auch politisch zwischen Stadt und Land: Manche sind tendenziell konservativ, manche eher progressiv.

Mein Kontrapunkt als unverfrorenes Argument für die *Stadt* lautet jedoch: Nichts fördert Familie so sehr, wie zu viert auf 70 Quadratmetern mitten in einer Stadt zu wohnen. Die autofreie urbane Kernfamilie entspricht so ziemlich jedem konservativen Familienideal wie kaum eine andere Lebenslage: Innerhalb der eigenen Wohnung weiß jedes Familienmitglied, was alle anderen gerade tun; oft verläuft der Alltag synchron. Das tägliche Leben spielt sich in der unmittelbaren Nachbarschaft ab; ohne Pendeln findet fast jedes Frühstück und jedes Abendessen gemeinsam statt. An den meisten Gesprächen nimmt die gesamte Familie teil. Enger zusammenzuleben ist kaum möglich – physisch und seelisch.

Moral beschränkt sich natürlich nicht auf die eigene Kernfamilie. Es geht darum, über den Tellerrand zu blicken – und tolerant und weltoffen bedeutet nicht etwa, promiskuitiv zu sein. Es bedeutet, Diversität als Vorteil zu betrachten – leben und leben lassen, sich nicht hinter den eigenen Mauern verstecken. Dieser Schritt, dem Anderen offen zu begegnen, ist selbstverständlich viel einfacher, wenn man selbst sicher im Leben steht – sowohl ökonomisch als auch sozial, mit einem eigenen Netzwerk, das weit über einschlägige Facebook-Gruppen hinausgeht. Es kommt nicht von ungefähr, dass in Zeiten ökonomischer Unsicherheit oft Mauern in die Höhe wachsen. Dass diese Unsicherheiten auch fruchtbare Böden für Populismus wie den „Trumpismus" bereiten, ist ebenso klar. Das politische Stadt-Land-Gefälle kommt nicht von irgendwo.

Stadt ist hier sowohl ein Ort als auch vor allem Einstellung. Dass diese Einstellungen plötzlich nicht mehr als „konservativ" angesehen werden, sagt wohl mehr über das traditionell-konservative Wertesystem aus als über Moral und Stadt selbst. In vielerlei Hinsicht spiegelt es eher das Vorurteil wider, dass sich Stadt und Familie nicht gut vertragen würden. Diese Einstellung wiederum bezieht sich vor allem auf die soziale Norm, dass man als Familie heutzutage eine gewisse Quadratmeteranzahl benötige.

Es ist genau diese *Stadt*moral, die zur wichtigsten Qualität der Stadt in Sachen Klimaschutz führt: der städtischen Effizienz.

9 Effizienz

Ein bisschen Mathematik

Gleich vorweg bitte ich um Entschuldigung, wenn es nun etwas technisch wird. Doch manchmal kann ein bisschen Mathematik vieles anschaulicher machen.

Am Ende geht es um die mittlerweile mehr als 46 Milliarden Tonnen an CO_2-Emissionen, die die Menschheit jährlich in die Atmosphäre entlässt.[156] Diese gilt es zur Gänze einzusparen: Die Netto-Emissionen – das heißt alle Emissionen abzüglich jenes CO_2, das durch Aufforstung oder technische Verfahren, etwa synthetischen Treibstoff, wieder aus der Luft eingefangen wird – sollten bis zur Mitte des Jahrhunderts eine runde Null ergeben, wenn nicht sogar darunter liegen. Es ist bereits zu viel CO_2 in der atmosphärischen Badewanne, die damit überzulaufen droht.

Das erste Ziel heißt also: die CO_2-Emissionen auf null senken. Die einfachste Formel dazu – und zugleich eine der kontroversesten – lautet:

$$CO_2 = \text{Bevölkerung} \times \frac{CO_2}{\text{Bevölkerung}}$$

Mathematisch wäre es ganz einfach: Man müsste nur die „Bevölkerung" wegkürzen, und schon bliebe nur noch übrig, dass CO_2 gleich CO_2 ist. Das vom Menschen verursachte CO_2 wäre gleich null, wenn es keine Menschen gäbe. Problem gelöst.

Ohne allzu philosophisch zu werden, stellt sich dabei die Frage, für wen wir das Klimaproblem überhaupt lösen wollen. Ich selbst bin Umweltschützer, weil ich Menschen liebe. Klar, es geht auch um die Natur selbst – aber eben „auch". Vornehmlich geht es beim Klimaschutz um Menschen und ihre Rolle auf diesem Planeten.

Selbstverständlich kann die Menschheit nicht für immer exponentiell wachsen – und das tut sie auch nicht, zumindest nicht mehr. Die globalen Bevölkerungsprognosen zeigen zwar immer noch in die Höhe, von heute rund 7,8 Milliarden Menschen auf rund zehn Milliarden bis zum Ende des Jahrhunderts.[157] Allerdings ist die Wachstumsrate inzwischen um einiges geringer, als sie es noch bis vor Kurzem war. Der Unterschied ist: aktive Familienplanung. Diese Familienplanung ist äußerst wichtig. Meine Frau ist Gynäkologin und spezialisiert sich auf genau diesem Gebiet. Dass dieses Thema schnell kontrovers wird, versteht sich von selbst.

Ist Familienplanung also Klimapolitik? Ja und nein: Einerseits war Chinas Ein-Kind-Politik jener politische Einzelschritt, der insgesamt das meiste CO_2 überhaupt eingespart hat. Andererseits ist genau diese Politik – egal ob mit oder ohne staatlich erzwungene Unfruchtbarmachung – eine Art von politischem Eingriff, die mit Freiheit, persönlicher Entscheidung und Emanzipation nicht vereinbar ist. Mit aktivem Klimaschutz sollte Familienplanung ebenso nichts zu tun haben, ganz im Gegenteil: Aktive, global betriebene Familienplanung läuft darauf hinaus, jungen Frauen überall auf der Welt die Möglichkeit zu geben, aktiv und selbstbestimmt über ihren Körper und die Anzahl ihrer Kinder zu entscheiden.

Dabei sind auch viele andere Faktoren wichtig, die weit über den jeweiligen Einfluss auf das Klima hinausgehen. Die freiwillige Entscheidung, keine Kinder in die Welt zu setzen, *nur* um das Klima zu retten, mag einerseits äußerst selbstlos erscheinen – andererseits ist dies der pessimistischste Schritt überhaupt. Schließlich geht es darum, den nächsten Generationen einen lebenswerten Planeten mit einem stabilen Klima zu hinterlassen.

Aber genug der Philosophie und zurück zur Mathematik: Ohne den Faktor Bevölkerung aktiv auf null zu setzen – ein Schritt, den selbst die überzeugtesten Verfechter von Bevölkerungspolitik als Klimapolitik nie direkt nennen würden –, muss Klimapolitik auf die CO_2-Emissionen pro Person fokussieren. Dabei können wir die erste Formel um einen wichtigen Faktor erweitern, nämlich den der Wirtschafsleistung, der Wertschöpfung:

$$CO_2 = \text{Bevölkerung} \times \frac{\text{Wertschöpfung}}{\text{Bevölkerung}} \times \frac{CO_2}{\text{Wertschöpfung}}$$

Ein kurzer Blick zurück zur Familienplanung und zur Bevölkerung zeigt gleich, dass diese Faktoren nicht vollkommen unabhängig voneinander sind. Die Wertschöpfung – materieller Reichtum – ist ein wichtiger Faktor in Sachen Familienplanung: Je reicher eine Gesellschaft ist, desto weniger Kinder pro Frau werden geboren.

Der neue Faktor Wertschöpfung weist darauf hin, welche wichtige Rolle materieller Reichtum spielt:

Je reicher eine Gesellschaft ist, desto höher sind typischerweise auch die CO_2-Emissionen. Allerdings gibt es dabei ein weiteres Bindeglied: Technologie. Bessere Technologie bedeutet meist: niedrigere CO_2-Emissionen.

Beide neuen Faktoren beziehen sich auf Formen der Effizienz: Energie dividiert durch Wertschöpfung ist die Energieeffizienz, CO_2 dividiert durch Energie ist die CO_2-Effizienz:

$$CO_2 = \text{Bevölkerung} \times \frac{\text{Wertschöpfung}}{\text{Bevölkerung}} \times \frac{\text{Energie}}{\text{Wertschöpfung}} \times \frac{CO_2}{\text{Energie}}$$

Auch dabei ist es freilich nicht so einfach, dass wir beide Faktoren getrennt betrachten könnten: Sowohl höhere absolute Werte bei der Energie- als auch bei der CO_2-Effizienz machen zusätzliche

Wertschöpfung billiger und führen daher auch zu mehr Wertschöpfung – eine Form des *Rebound-* oder Bumerang-Effekts.

Klar ist: Wertschöpfung (Bruttoinlandsprodukt, kurz BIP) pro Person ist normalerweise etwas Gutes. Freilich könnten wir auch über Arbeitsstress und andere Probleme sprechen; darüber, dass BIP-Berechnungen viele wichtige Faktoren ausblenden und nicht jeder Anstieg der Wertschöpfung positiv ist. Wenn ich zu Hause auf mein eigenes Kind aufpasse und mein Nachbar ebenso auf seines, dann sind wir zwar vielleicht alle glücklich dabei, aber die Wertschöpfung wird nicht ins BIP einbezogen. Wenn mein Nachbar hingegen auf mein Kind aufpasst und ich auf seines und wir uns gegenseitig offiziell bezahlen, steigt das BIP. Sind wir dann glücklicher? Erfüllende Arbeit macht glücklich, aber diese Betrachtung stößt leicht an ihre Grenzen.

Bei Natur- und Klimasch(m)utz geht es um gänzlich andere Dimensionen, etwa um die Tatsache, dass viele Dienstleistungen, die die Natur für uns erbringt, gar nicht als Wertschöpfung gezählt werden. All das ist ein echtes Problem (siehe den Abschnitt „Klimabuchhaltung" in Kapitel 1: Klima) – allerdings nicht jenes, worauf wir uns hier konzentrieren.

Hier geht es uns rein um die Effizienz und jene Faktoren, die wir direkt in Angriff nehmen können. Während die Wertschöpfung pro Person etwas Gutes ist, das es zu maximieren gilt ($\uparrow$), sind die beiden weiteren Faktoren – Energie und CO_2 – grundsätzlich schlecht. Sowohl die absoluten Werte der Energie- als auch jene der CO_2-Effizienz gilt es zu minimieren ($\downarrow$). Die Bevölkerungsdiskussion lassen wir bewusst wieder beiseite; die Bevölkerungszahl könnte sich in beide Richtungen entwickeln ($\leftrightarrow$):

$$CO_2 = \text{Bevölkerung} \times \frac{\text{Wertschöpfung}}{\text{Bevölkerung}} \times \frac{\text{Energie}}{\text{Wertschöpfung}} \times \frac{CO_2}{\text{Energie}}$$

Wenn es also darum geht, die CO_2-Emissionen aktiv auf null zu reduzieren, sind sowohl Energie- als auch CO_2-Effizienz unumgänglich.

Energie kann dabei vieles bedeuten. Eine echte Null ist kaum möglich, aber es geht darum, Wertschöpfung mithilfe von weniger Energie – also weniger materiellen Ressourcen, etwa auch weniger Quadratmetern Wohnfläche – zu erzielen. Die Formel selbst, die nach dem japanischen Energieökonomen Yoichi Kaya auch als „Kaya-Identität" bezeichnet wird, lässt sich fast nach Belieben dem jeweiligen Fokus anpassen.[158]

Da es uns unter anderem um die genutzte Wohnfläche in Quadratmetern geht, könnten wir etwa den zweiten Faktor in der Formel weiter aufteilen:

$$\frac{\text{Wertschöpfung}}{\text{Bevölkerung}} = \frac{\text{Quadratmeter}}{\text{Bevölkerung}} \times \frac{\text{Wertschöpfung}}{\text{Quadratmeter}}$$

Das rückt den Fokus sofort auf die Quadratmeter pro Person, und es wird klar, was es eigentlich zu maximieren gilt: Wertschöpfung pro Person ist immer noch gut; dasselbe gilt für Wertschöpfung pro Quadratmeter.

Bei den Quadratmetern pro Person landen wir sofort bei städtischer Effizienz: *Stadt* – das urbane Leben – ermöglicht viel höhere Wertschöpfung pro Person, ohne dabei die verbrauchte Fläche in die Höhe schnellen zu lassen. Das macht sich auch in der Realität bemerkbar: Chinas Ein-Kind-Politik ist lange beendet und wird nicht wieder aufgegriffen werden, die Urbanisierung schreitet hingegen stetig voran. Es ist genau diese Urbanisierung, die es China ermöglichen wird, das bereits 2014 formalisierte Klimaziel, die jährlichen, stets steigenden CO_2-Emissionen bis vor 2030 wieder zu senken, schon bis zum Jahr 2025 zu erreichen.[159] Sowohl Bevölkerung als auch Wirtschaft wachsen dabei immer noch, die Wirtschaft sogar äußerst rasch. Der Grund: Die Wertschöpfung pro Quadratmeter steigt durch die rapide Urbanisierung rasant, während sowohl die Quadratmeter pro Person als auch die absoluten Werte für Energie- und CO_2-Effizienz sinken:

$$CO_2 = \text{Bevölkerung} \times \frac{\text{Quadratmeter}}{\text{Bevölkerung}} \times \frac{\text{Wertschöpfung}}{\text{Quadratmeter}} \times \frac{\text{Energie}}{\text{Wertschöpfung}} \times \frac{CO_2}{\text{Energie}}$$

Städtische Bevölkerungsdichte und Effizienz ermöglichen im Fall von China, sowohl das erste Klimaziel als auch das inzwischen neu erklärte Ziel der Netto-CO_2-Neutralität bis spätestens 2060 zu erreichen.[160]

***

Was für China und andere rasant wachsende Länder gilt, gilt selbstverständlich auch für Europa und die Vereinigten Staaten. Die allgemeine Formel ist überall gleich.

Ein Allheilmittel ist der Faktor *Stadt* natürlich nicht. Letztlich geht es darum, (fast) die gesamte Energie ohne CO_2-Emissionen herzustellen. Was auch immer sonst passiert: Ohne einen der Faktoren auf der rechten Seite der Gleichung auf null zu reduzieren, wird die linke Seite nie null betragen. Rein mathematisch geht es ohne CO_2-freie Energie nicht.

Die einzige Ausnahme wäre, die CO_2-Emissionen wieder aus der Atmosphäre zu entziehen, also CO_2 von der rechten Seite der Gleichung direkt wieder zu subtrahieren.[161] Dabei kommen einerseits Bäume ins Spiel, andererseits Technologien wie die im letzten Kapitel beschriebenen synthetischen Treibstoffe, die aus Luft und Elektrizität hergestellt werden würden.[162] Auch das alleine ist jedoch kein Allheilmittel – nichts kann für sich alleine genommen *die* Universallösung für den Klimaschutz sein. Doch einer der vielen möglichen Faktoren ist es allemal, so wie auch der Faktor *Stadt*.

Diese städtische Effizienz trägt dabei nicht „nur" zum Klima-, sondern auch zum Naturschutz bei. Insgesamt Platz zu sparen, berührt nicht nur CO_2-Emissionen, sondern auch direkt die

Landnutzung und den Bodenverbrauch. Ohne Städte ist weder Klima- noch Naturschutz machbar.

Kompromisslose Effizienz

Nein, „kompromisslose Effizienz" bedeutet nicht etwa null Quadratmeter. Das wäre masochistische Effizienz. Es gibt selbstverständlich auch bei der Wohnfläche Extreme. Das Optimum liegt weit über null. Zehn Kinder auf 48 Quadratmetern großzuziehen mag zwar noch „effizienter" sein, als zu viert auf 70 Quadratmetern zu wohnen, aber einer solchen Wohnsituation möchte man in der Regel mit mehr Geld – und dadurch mehr Möglichkeiten – entkommen. Doch wohin?

Wo das Ideal liegt, hängt von vielen Faktoren ab. Die aktuelle Norm, was guter Mittelklasse-Durchschnitt sei, spielt dabei eine große Rolle. Wird alles einfach als ganz „normal" wahrgenommen oder bedarf es dafür erst eines Artikels in der *New York Times*, in dem eine Wohnung wiederholt als „effizient" beschreiben wird?[163] Was würde wohl der Besuch am Sonntagnachmittag sagen? Wäre die Wohnsituation überhaupt Gesprächsthema oder ist die Wohnung einfach im Hintergrund?

Vor einer oder zwei Generationen waren rund 70 Quadratmeter – in meinem Fall genau 78 – zumindest in „unseren" Breiten, im kleinstädtischen Niederösterreich, wo ich aufgewachsen bin, gang und gäbe. Kein Luxus, aber auch keine Wohnsituation, der es zu entkommen gilt. Durchschnitt eben, guter Mittelklasse-Durchschnitt. Inzwischen liegt dieser Durchschnitt sowohl in Europa als auch den USA deutlich höher und scheint weiter zu steigen.[164]

Die Gründe dafür sind vielfältig und bereits bekannt: Geld, Werbung, der Drang nach mehr, der Wettstreit mit den Nachbarn. Vieles davon ist bewusst eingesetzt – etwa als Statussymbol –, so manches auch unbewusst. Ich ertappe mich auch selbst dabei, dass ich zum Beispiel eine Kaufentscheidung damit begründe, dass „man" das eben „so macht". Über die Jahre hinweg hatten wir viele Dinge angesammelt, die man eben irgendwie braucht, weil sie jeder hat.

Wenn ich allerdings heute den Blick durch unsere 70-Quadratmeter-Wohnung schweifen lasse – und ich sehe fast die gesamte Wohnung vom Schreibtisch aus –, finde ich nur wenige Beispiele dafür. Schuld daran ist sicherlich auch dieses Buch: Ich befasse mich seit gut einem Jahr mit dem Thema städtischer Effizienz. Auch unsere 70 Quadratmeter sind schuld: Viel Platz für Dinge, die wir eigentlich nicht brauchen, gibt es da nicht.

Vor einem Jahr hätte ich vielleicht auf unseren Mikrowellenherd gezeigt, den man eben hat. Wir hatten in unseren vielen Mietwohnungen immer einen. Mikrowellenherde gehören mittlerweile zu einer komplett ausgestatteten Küche wie ein Kühlschrank. Zuletzt verwendet hatten wir die Mikrowelle vor über sieben Jahren zum Sterilisieren einer Babyflasche – ein Kochtopf mit Wasser hätte dafür ebenso funktioniert. Apropos Kochtopf: Davon haben wir inzwischen genau zwei. Der große rote aus Gusseisen, in dem wir fast täglich unser Abendessen zubereiten, hat sogar einen Fixplatz am Herd – praktisch, und sieht gut aus. Alle anderen Töpfe fielen ebenso unserer persönlichen Effizienz zum Opfer wie der Mikrowellenherd.

Dasselbe gilt für den Verzicht auf die eigene Waschmaschine. (Deren vorgesehenen Platz nehmen vier Paar Ski und Skischuhe sowie Kletterausrüstungen für uns vier ein.) Vor zwei oder drei Generationen standen Waschmaschinen noch für Emanzipation schlechthin – meine Oma erzählt immer noch gerne Geschichten, wie in ihrer Jugend der Waschtag wirklich vom Morgen bis zum Abend dauerte. Ohne Waschmaschine hätte meine eigene Mutti nicht außer Haus arbeiten können. Doch heute heißt städtische Effizienz, dass wir nicht einmal selbst Wäsche in die Maschine laden müssen: Das erledigt die Wäscherei, Trocknen und Falten inklusive. Für uns bedeutet das: mit schmutziger Wäsche aus dem Haus und innerhalb weniger Fußminuten mit dem Cappuccino aus dem Lieblingscafé wieder zurück. Kompromisslose städtische Effizienz.

Das heißt natürlich nicht, dass städtische Effizienz nur ohne eigene Waschmaschine funktionieren würde. Es geht vielmehr darum, die Wahl zu haben: _Stadt_ ermöglicht genau diesen Handlungsspielraum.

Und Effizienz kann noch deutlich weiter reichen: Zum Beispiel haben wir bald nach unserem Einzug ein halbes Dutzend Heizkörper aus unserer Wohnung entfernt und sie durch eine zentrale Wärmepumpe ersetzt. Zusammen mit Isolierung nach Passivhausstandards hält diese im Winter die ganze Wohnung wohlig warm. Die (geringfügige) Platzersparnis entlang der Wände ist ein willkommener Bonus.

Haben sich Isolierung und Wärmepumpe rein wirtschaftlich für uns persönlich rentiert? Nein. Aus gesamtwirtschaftlicher Sicht, in die Umwelt- und Klimaschutz miteinbezogen werden, schon eher – doch das ist eine ganz andere (und notwendige!) Rechnung. Bei dieser ist die Politik gefordert, die richtigen Impulse zu setzen und beispielsweise sowohl Isolierungen als auch effiziente Wärmepumpen zu forcieren. Dabei ist Europa um einiges weiter als die Vereinigten Staaten, obwohl Joe Bidens Infrastrukturplan mit einem Volumen von zwei Billionen (!) Dollar äußerst vielversprechend klingt.

Schließlich kommt die ultimative Effizienz: die Zeit. Hier ist _Stadt_leben kompromisslos – egal aus welchem Blickwinkel und durch welche Normen gefiltert.

Carpe diem

Ähnlich wie die Waschmaschine ermöglichte das Auto vor einigen Generationen eine Art der Unabhängigkeit, die zuvor fast undenkbar war. Die allerersten Autos fanden sich in den Städten, entlang der Park Avenue in New York etwa, wo die Reichen zu Hause waren. Dabei löste das Auto ein echtes Problem: Ohne technische Lösung drohte New York – so wie viele andere Städte am Ende des 19. Jahrhunderts – im Pferdemist gleichsam zu ersticken.[165] Mobilität war immer schon begehrenswert; damals, vor Straßenbahnen, Bussen und Autos, ging sie eben mit viel Pferdemist einher.

Mittlerweile haben Autos die Städte in gewisser Hinsicht verlassen. In New York etwa sind zwar immer noch viel zu viele davon unterwegs, allerdings werden sie kaum noch von New Yorkern gesteuert: Weniger als ein Drittel der New Yorker besitzt ein Auto, fast die Hälfte hat keinen Führerschein. Wozu auch? Man würde ohnehin nur im Stau stehen. Für den wiederum sind vor allem Autofahrer aus *Suburbia* verantwortlich, für die es oft keine Alternative zum Auto gibt.

In Europa sind die Unterschiede zwischen Stadt und anderswo ähnlich groß: In Wien gibt es rund 370 Autos je 1000 Einwohner – mehr als in New York, aber um einiges weniger als im Rest Österreichs mit über 600 Autos je 1000 Einwohner.[166] Dabei ist die Tendenz in Wien fallend, im Rest des Landes steigend. In Berlin liegt die Autoquote bei 384, in München bei 349, knapp mehr als in Hamburg mit 346. In der Fahrradstadt Amsterdam beträgt die Zahl unter 300, in Kopenhagen gar unter 250.

Der Kompromiss, den man als Bewohner von *Suburbia* eingeht, ist jener zwischen Quadratmetern und Pendelzeit: Je weiter von der Stadt entfernt man wohnt, desto höher sind beide. Einerseits ermöglicht das Auto also ein gewisses Maß an Freiheit. Mit Effizienz hat aber weder das eine noch das andere zu tun – weder das große Einfamilienhaus noch die Tatsache, dass fast jeder Arbeitstag mit Pendeln und Verkehr beginnt und wieder endet.

Klar ist vor allem: Niemand hat mehr als 24 Stunden pro Tag zur Verfügung. Zeit ist der ultimative Luxus: *Carpe diem!* Der Liebesbrief an die Stadt schreibt sich dabei von selbst: Stadt ist gut für die Effizienz, für die Gesundheit, für Abenteuer und Entspannung, für die Familie, für das Klima ebenso. Und es ist ebendiese Effizienz, die auch genug Zeit lässt, um den nötigen Ausgleich – die Balance – zu schaffen.

10 Resilienz

Balance muss sein

„Effizient" wird oft mit „ökonomisch" gleichgesetzt. Das kommt nicht von ungefähr; „ökonomisch handeln" bedeutet oft auch, effizient zu sein: Je mehr Ertrag bei je weniger Einsatz erwirtschaftet wird, desto besser. Das gilt für den Arbeitseinsatz ebenso wie für Kapitalinvestitionen, Energie und Fläche. Fossile Energieträger sind ein klassisches Beispiel dafür: Kohle ermöglichte die industrielle Revolution, weil sie viel Energie in wenig Masse bereithält. Städte wiederum sind so effizient, weil sie enorme Wertschöpfung pro Quadratmeter hervorbringen.

Dass der Drang nach mehr schnell an Grenzen stößt, ist klar. Doch selbst dann geht es um Selbstverbesserung und Selbstoptimierung, darum, „besser" – wenn auch nicht unbedingt mehr – zu arbeiten. Ein Blick ins Regal mit den Selbsthilfe-Ratgebern illustriert, wie die einen auf tägliches Yoga oder halbstündiges Meditieren schwören, die anderen auf die Vier-Tage-, die Zwanzig-Stunden- oder gar die *Vier*-Stunden-Woche. Mehr durch weniger: Win-win!

Das *Stadt*leben hilft dabei nochmals weiter. Das tägliche Leben im 15-Minuten-Radius ist vor allem eines: effizient! Warum auf 200 oder 110 Quadratmetern leben, wenn auch weniger ausreichen? Warum ein Auto besitzen, wenn das Fahrrad viel effizienter ist? Warum ein sperriges Fahrrad, wenn ein Faltrad noch viel handlicher ist? Warum nicht gleich zu Fuß gehen, den Cappuccino in einer Hand, das Handy in der anderen, den Podcast im Ohr? Oder direkt den Morgenlauf als Ersatz für das Pendeln zum Arbeitsplatz nutzen! Ein optimiertes Leben, ganz auf Effizienz gedrillt – gut für einen selbst, gut für die Wirtschaft, gut fürs Klima. Die ultimative Effizienz: Win-win-win!

In der Realität stößt all das bald an Grenzen. Und damit meine ich nicht, dass das Handy am Wochenende besser in der Schublade bleiben sollte, um dem Montagmorgen wieder mit Elan – und Effizienz – entgegenblicken zu können; persönliche Balance muss sein, um noch effizienter zu werden! Ich meine etwas viel Fundamentaleres, nämlich die Tatsache, dass Effizienz viel mehr bedeutet, als nur für den Moment – an jedem Tag, in jeder Arbeitswoche, in jedem Geschäftsquartal – aus weniger mehr zu machen.

Von privatisierten Profiten und sozialisierten Risiken ...

Es scheint, als ob es ungefähr alle zehn Jahre in der globalen Wirtschaft – allen voran an den globalen Finanzmärkten – so richtig kriselt. In meinem eigenen Erwachsenenleben war ich inzwischen bereits dreimal Zeuge davon, beginnend im Jahr 1998 mit der Implosion des Hedgefonds *Long-Term Capital Management*.[167] Die Diagnose: Der Investmentfonds war so überschuldet – so *overleveraged* –, dass es nur eine Frage der Zeit war, bis das Finanzkartenhaus in sich zusammenbrach. Die Profite waren privatisiert, die Risiken – und vor allem die Verluste – wurden auf alle anderen, also die Gesellschaft, verlagert: Sie wurden vergemeinschaftet, sozialisiert.

Zehn Jahre später folgte die nächste weltweite Wirtschaftskrise, ausgelöst durch das Platzen der amerikanischen Immobilienblase, beginnend im Jahr 2007 und dann noch viel dramatischer im Jahr 2008. Die neuerliche Diagnose: Überschuldete Hedgefonds und Banken hatten die Profite für sich selbst behalten, während sie die Risiken vergemeinschafteten.

Wieder zwölf Jahre später, im Jahr 2020, kam es abermals zu einer Wirtschaftskrise, diesmal ausgelöst durch die Coronapandemie. Die vordergründige Diagnose war zwar medizinisch und auf die allgemeine Gesundheit bezogen; der unmittelbare Anlass war also ein Virus. Doch die umfassendere Diagnose, die eigentliche Ursache, lautete genauso wie zuvor: Profite wurden privatisiert, Systemrisiken auf die Allgemeinheit übergewälzt.

Der Gedanke ist nicht neu. Er reicht in den Vereinigten Staaten bis zur *Second Bank of the United States* zurück: Deren Involvierung in dubiose Geschäfte setzte bereits nach ihrem zweijährigen Bestehen, im Jahr 1818, den Anfang für die im nächsten Jahr folgende Weltwirtschaftskrise.[168] Schon damals lautete die Diagnose: privatisierte Profite, sozialisierte Risiken.

***

Wie so oft in der Geschichte spielten die Vereinigten Staaten auch bei der Coronapandemie eine besondere Rolle: Hier war die Demontage des gesundheitlichen und sozialen Netzes von der Trump-Regierung geradezu euphorisch gefeiert worden[169] – Sozialismus für die Reichen, Kapitalismus für die Armen; jeder für sich allein. Systemkritische Funktionen ernst zu nehmen, ist der ultimative Test für Regierungen. Die amerikanische Regierung versagte hier kläglich, auch wenn inkompetente politische Führung auch anderswo zu finden ist.

Es geht allerdings um viel mehr als „nur" Inkompetenz im Anlassfall: Es geht um das System selbst, in dem die oft als „amerikanisch" beschriebene „Dynamik" solchen systemischen Problemen alles andere als gewappnet ist. Darin liegt das Grundproblem eines Verständnisses von Effizienz, das sich nur auf das Hier und Jetzt bezieht: Es gibt in den Vereinigten Staaten gemäß den Worten von Ökonomie-Nobelpreisträger Joseph Stiglitz kaum „Stoßdämpfer", die in Krisenzeiten Ungereimtheiten ausbügeln oder Notfälle abfedern könnten: „Wir haben ein System geschaffen, das aussah, als ob es die Profite maximiert – doch es hatte höhere Risiken und weniger Resilienz."[170]

Um genau diese Resilienz geht es sowohl bei der Coronapandemie als auch beim Klima. Die Coronapandemie war eine Art Crashkurs – Klimawandel in Lichtgeschwindigkeit.

Was beim Klimawandel Jahre, Jahrzehnte und Jahrhunderte dauert, passierte in der Coronakrise innerhalb von Tagen, Wochen und Monaten. Die wichtigsten Elemente sind dieselben.

Einerseits ist es die zentrale Bedeutung von exponentiellem Wachstum – es geht nicht um Infektionen oder globale Durchschnittstemperaturen im Jetzt, sondern um langfristige Trends über Tage und Wochen beziehungsweise Jahre und Jahrzehnte hinweg. Andererseits ist es vor allem die Beschaffenheit des Problems: die Bedeutung von Externalitäten, also die notwendige Erkenntnis, dass mein Handeln – oder Nichthandeln – die Geschicke aller um mich herum beeinflusst. Sowohl COVID-19 als auch das Klima sind globale, systemische Probleme.

... zu privatisierten *oder* sozialisierten Profiten *und* Risiken

Die Antwort muss daher lauten, entweder sowohl Profite als auch Risiken zu sozialisieren oder *beides* zu privatisieren. Je nach Situation funktioniert entweder das eine oder das andere besser. Bei der Produktion vieler Konsumgüter ist das Modell der Privatisierung oft das bessere – es gibt kaum einen Grund, warum der Staat bei der Entwicklung, der Herstellung und dem Verkauf von Schuhen viel mitreden sollte. Das würde Bilder von Planwirtschaften sowjetischen Stils hervorrufen. Violette Schuhe mögen zwar nicht jedermanns Geschmack sein, aber über Geschmack lässt sich bekanntlich streiten – sie gänzlich zu verbieten, würde jedenfalls zu weit gehen. Die einzige Rolle für den Staat ist dabei, sicherzustellen, dass nicht nur die Profite, sondern auch alle Kosten und Risiken privatisiert sind. Das bezieht sich auch auf die bei der Produktion entstehende Umweltverschmutzung.

Umgekehrt gibt es tatsächlich manche Güter und Dienstleistungen, bei denen sowohl Profite als auch Risiken sozialisiert sein sollten. Hier sind wir etwa bei Mariana Mazzucatos „unternehmerischem Staat", der eine viel aktivere Rolle als gewöhnlich spielt.[171] Ein Beispiel ist die Forschung und Entwicklung im Bereich erneuerbarer Technologien, wo der Staat oft die riskante Grundlagenforschung übernimmt oder zumindest finanziert. Warum sollte da nicht auch der Staat die finanziellen Vorteile genießen?

Es geht um die Kombination, um die richtige Balance zwischen den beiden Modellen.

Wie auch immer diese Kombination heißen mag – „soziale Marktwirtschaft", ein „geordneter Markt" oder sonst wie: Es ist klar, dass beides in Sachen Umwelt- und Klimaschutz ein Mehr des Staates bedarf – sowohl mehr Steuer als auch Steuerung, teils zum Beispiel durch direkte Subventionen.

Dies festzustellen, gilt als höchst politische Äußerung. Dabei sollte sie das eigentlich nicht sein: Banken, Unternehmen oder auch wir als Einzelpersonen werden immer versuchen, die Risiken auf andere abzuwälzen und die Profite für uns allein zu behalten. Das liegt in der Natur der Sache. Der Klimawandel ist dabei das ultimativ langfristige Problem, das eine zwingende Intervention des Staates erfordert, um genau das zu verhindern.

Wie diese Intervention aussehen soll, ist wiederum eine politische Frage, zu der es berechtigte Debatten gibt: Wie viel braucht es an Steuer, wie viel an Steuerung? Welche Rolle spielen direkte Subventionen? Wer bekommt diese und wofür? Inwieweit sollen Profite und Risiken sozialisiert, inwieweit beide – auch die Risiken! – privatisiert werden?

***

Auch hier ist Balance nötig: politische Balance. Die Antwort kann kaum jemals nur das eine oder nur das andere sein. „Mehr Staat" bedeutet nicht nur mehr Behörden oder mehr Gesetze. Ganz im Gegenteil: Ein wichtiger Bestandteil von Klimapolitik ist die Innovation, und bei dieser ist die Dynamik des Privatsektors gefragt. Dafür sollte sie vom Staat entsprechend gefördert – also direkt subventioniert – werden, wobei dann auch der Staat, im Sinne von Mazzucato, gewisse finanzielle Vorteile genießt.

Ein weiterer wichtiger Bestandteil ist wie so oft die Stadt. Es ist nur fair, der ultimativ negativen Externalität des Klimaschmutzes die ultimativ positive Externalität der *Stadt* als Netzwerk, als Innovationskatalysator gegenüberzustellen. Dass *Stadt* auch mit mehrheitlich progressiver politischer Einstellung einhergeht – also genau jener, die für mehr Staat, für mehr Steuer und Steuerung votiert –, ist dabei nur ein weiterer Vorteil.

Stadt ist Resilienz

Die Effizienz von Städten ist allbekannt: der 15-Minuten-Radius; die Tatsache, dass fast alles immer sofort zur Hand ist; dass die fehlende Waschmaschine oder das fehlende Auto nicht Mängel sind, sondern ganz bewusste Entscheidungen. Mit dieser städtischen Effizienz geht eine weitere wichtige Eigenschaft einher: die Resilienz von Städten. Effizienz bedeutet nämlich auch, dass man sich viel mehr auf andere verlassen kann. Stadt als Netzwerk verkörpert im Notfall das Auffangnetz, den „Stoßdämpfer".

Das Verkehrsnetz ist dafür ein gutes Beispiel. In der Stadt gibt es meist viele Wege, um von A nach B zu kommen. Wenn auf der Landstraße oder der Autobahn ein Fahrstreifen steht, dann steht schnell alles – Stau. Geht es in der Stadt auf einer Straße nicht weiter, ist die zweite oft gleich nebenan. Die Straßenbahn steht? Dann eben mit dem Bus, oder gleich mit dem Fahrrad! All dies macht auch Klimapolitik flexibler: Von einer Modalität auf die andere, CO_2-arme zu wechseln, fällt deutlich leichter, wenn es immer schon Alternativen gab.

Das Netzwerk Stadt macht sich vor allem in echten Notsituationen bemerkbar. Während der ersten Corona-Lockdowns etwa stand zunächst alles still: Restaurants waren geschlossen, das Fitnessstudio ohnehin. Es dauerte aber nicht lange, bis zum Beispiel unser Lieblingsitaliener drei Häuser weiter die Küche wieder öffnete. Dabei war Kreativität gefragt, als niemand im Restaurant selbst aß: Der allererste Schritt war, Mehlsäcke zu verkaufen, fürs Quarantäne-Brotbacken. Bald kamen wieder Speisen dazu. Das Restaurant war früher eigentlich nie für Essen zum Mitnehmen bekannt – jetzt ist die Küche mit solchen Bestellungen für zu Hause sogar beschäftigter als mit Gästen im Lokal.

Seit dem Lockdown im Frühjahr 2020 wird unsere ganze Straße an jedem Wochenende für den Verkehr gesperrt. Der Italiener, der Japaner zwei Häuser weiter und das Café an der Ecke bringen Tische ins Freie, und schon entsteht eine nachbarschaftliche Gemeinschaft, die vor COVID-19 kaum denkbar war. Auch der Boxclub, unmittelbar zwischen dem Italiener und dem Japaner, veranstaltet seine Trainings mittlerweile auf der Straße – das ist *Stadt* als resiliente Gemeinschaft.

***

Resilienz kann noch ganz anders aussehen, etwa in Form von Investitionen in die Infrastruktur, um sich gegen die Folgen des Klimawandels zu wappnen. Auch das klappt in der Stadt meist viel leichter als in dünn besiedelten Gegenden. Die Investition kostet zwar vielleicht mehr, doch sie schützt gleichzeitig viel mehr Personen und Einrichtungen.

Dass auch dies an Grenzen stößt, wenn etwa steigende Meeresspiegel gesamte Küstenstädte bedrohen, zeigt nur, welch gewaltiges Problem der Klimawandel darstellt – und wie wichtig die Balance zwischen Effizienz und Resilienz ist. Das eine funktioniert nicht ohne das andere.

Vor Ort

Stadt, Land oder doch lieber Vorort?

Unser Sohn Annan kam in New York zur Welt, unsere Tochter Sonja in Boston. Beide lieben die große Stadt. Annan, immer der New Yorker, gefiel es schon mit fünf Jahren, wenn er bei Rot über die Straße gehen durfte. Das macht man als New Yorker einfach so. Sonja liebt es, dass fast „die ganze Welt" zu Fuß erreichbar ist. Es gibt nichts Schöneres, als mit den beiden am Wochenende mit dem Fahrrad eine Runde im Central Park zu drehen. Sie nennen den Park schmunzelnd ihren „Garten". Die Fahrradfahrt nach Hause, entlang der 5th Avenue, genießen sie ebenso.

Beide Kinder *lieben* Amstetten. Der Pool im Garten ist ein Hit, die lange Rutsche im öffentlichen Freibad ebenso. Die Tatsache, dass selbst die größten Bausteinprojekte einmal aufgebaut und dann monatelang stehenbleiben dürfen, bis die beiden erneut zu Besuch kommen, ist bei uns zu Hause, in New York, oft Gesprächsstoff – vor allem dann, wenn hier die Spielsachen sofort wieder verstaut werden müssen, da sonst kein Platz fürs Taekwondo-Training wäre.

Annan und Sonja träumen das ganze Jahr über vom Sommer bei Oma und Opa – vom Leben im Vorort. (Dass Annan dort bei Rot prinzipiell immer schön brav wartet, auch wenn auf der einspurigen Fahrbahn weit und breit kein Auto zu sehen ist, ist auch klar. Das macht man in Amstetten nun so.)

***

Wir hatten selbst kurz damit geliebäugelt, das zum Verkauf stehende große Nachbarhaus mit Garten direkt neben dem Haus meiner Eltern zu erwerben, dort, wo ich die ersten 16 Jahre meines Lebens verbracht hatte. So schnell würde es nicht mehr frei werden. Ich hatte doch auch meine Kindheit im Amstettener Vororthaus genossen – warum also nicht meine eigenen Kinder? Wäre es wirklich *so* schlecht, in einem Einfamilienhaus zu wohnen?

Ohne Führerschein wäre es zwar schon ein bisschen schwieriger, aber immer noch machbar: Der Fußweg ins Zentrum von Amstetten dauert weniger als zehn Minuten. Mit dem Fahrrad geht es in fünf Minuten zum Bahnhof, in weniger als einer Stunde ist man in Wien; selbst die Zugfahrt nach München dauert weniger als vier Stunden. Täglich von Amstetten nach München zu pendeln, das wäre nicht machbar, nach Wien schon eher. Ich wäre nicht der Einzige; einer meiner Brüder macht das, ebenso wie viele andere auch. Wenn das Haus ohnehin schon da ist, warum also nicht? Das Pendeln per Zug ist entspannt und zugleich äußerst CO_2-arm. Mein Faltrad könnte auch immer mit dabei sein – außer an Winterwochenenden, wenn es, mit Ski im Gepäck, in die andere Richtung gehen würde. Die Einstellung zum *Stadt*leben ließe sich schließlich überall mit hin nehmen.

Das Seltsame daran ist, dass ich ein solches Szenario hier in Amerika – oder sonst wo fern der alten Heimat – nie in Erwägung gezogen hätte. Wir beschränkten unsere Wohnungssuche von Anfang an auf einen Fünf-Minuten-Radius – fünf Minuten zu Fuß. Zwanzig, vierzig oder gar sechzig Minuten von der Arbeit und dem städtischen Geschehen entfernt zu wohnen, war für uns nie eine Option.

Ein entscheidender Unterschied ist freilich ein gut funktionierendes öffentliches Verkehrssystem. Die Zugverbindungen hier in New York sind kaum mit jenen in Deutschland, Österreich oder der Schweiz zu vergleichen. Am Züricher Bahnhof wird selbst die Ankündigung einer zweiminütigen Verspätung mit Augenrollen quittiert. Kurz nachdem die Verspätung in der vierten Sprache angesagt worden ist, fährt der Zug bereits ein. An New Yorker Vorstadtbahnhöfen hingegen sind zehn Minuten Verspätung kaum der Rede wert. Für die Eisenbahngesellschaft Amtrak gelten Züge, die eine Viertelstunde zu spät ankommen, immer noch als „pünktlich". Angemessene Infrastrukturinvestitionen machen einen großen Unterschied, eine entsprechende Verkehrs- und Mobilitätspolitik ebenso.

Ein weiterer wichtiger Grund ist, tatsächlich die Wahl zu haben: Wenn ich schon in eine neue Stadt ziehe, bin ich nicht an einen bestimmten Ort gebunden, sondern kann deutlich freier wählen – sogar just jene Straße, in der ich schon zehn Jahre früher immer wieder spazieren ging. Die Wahl zu haben ist gut.

Manchmal trifft auch das genaue Gegenteil zu. Die Wahl wird gerade deshalb oft zur Qual, weil es leichter ist, beim Alten zu bleiben. Das gilt bei der Wohnungssuche oft umso mehr. Eine größere Entscheidung – sowohl finanziell als auch im Hinblick darauf, wie sie das tägliche Leben und damit die persönliche Lebensqualität beeinflusst – gibt es kaum. Da kann auch die Option, sich eben nicht zu entscheiden und einfach in der alten Wohnung, im Elternhaus oder einer anderen gewohnten Umgebung zu bleiben, die richtige sein. Das ist mitunter auch für das Klima gut: Das Schlimmste wäre, das alte Haus leer stehen zu lassen und irgendwo anders im Grünen ein neues zu bauen.

Die Qual der Wahl

Umgekehrt gilt: Wer die Wahl hat, sollte sie ernst nehmen und aktiv wählen – auch wenn es die Entscheidung ist, ebendiese Wahl von nun an einzuschränken.

Die Frage etwa, ob man sich vegetarisch ernähren soll oder nicht, stellt sich dreimal täglich, zu jeder Mahlzeit. Die grundsätzliche Entscheidung, konsequent als Vegetarier zu leben, ist hingegen oft viel befreiender: Dann muss man nicht mehr vor jedem Essen noch einmal alle moralischen Implikationen durchspielen. Die Entscheidung in die eine oder andere Richtung vereinfacht das Leben genau dadurch, dass sie eine klare Linie zieht. Kein Fleisch heißt kein Fleisch. (Ja, Fisch ist auch Fleisch, die Hühnerbrühe in der Suppe ebenso – einfach und konsequent.)

Etwas Ähnliches gilt für die Wohnungssuche, sowohl für den Standort als auch die Anzahl der Quadratmeter. Am leichtesten wäre es oft, einfach das zu machen, was „man" eben so macht: Eine Jungfamilie zieht nach *Suburbia* ins neu errichtete Einfamilienhaus. So erzählen es die Immobilienbroschüre, das Kreditangebot der Bank und die Autowerbung – und sie tun es seit rund hundert Jahren permanent. Da ist es leicht zu entschuldigen, wenn man einfach das tut, was eben die Norm zu sein scheint.

Die Alternative, wenn man vor der Entscheidung steht, wo man wie und wann wohnen möchte, ist, aktiv zu wählen. Die Anzahl der Quadratmeter wird dann nicht mehr von Broschüren und Werbefantasien bestimmt, sondern von den eigenen Präferenzen sowie der individuellen Erfahrung mit verschiedenen Lebenssituationen.

Dabei gilt es auch unzählige andere größere und kleinere Entscheidungen zu treffen. Manche davon folgen einem einfachen moralischen Kompass, andere sind eher Experimente – etwa die Wohnung für die vierköpfige Familie gänzlich ohne Innenwände zu gestalten. Wir hatten als Familie selbst noch nie so gelebt, außer in Hotels – für ein, zwei Wochen, im Urlaub. Darum ging es uns schließlich: Als Familie hatten wir oft den meisten Spaß, die zugleich schönsten und oft auch produktivsten Stunden, wenn wir zusammen ein Zimmer teilten. Warum also nicht eine Art Wohnexperiment wagen? Ein weiterer Vorteil: 70 Quadratmeter sind ziemlich majestätisch, wenn sie ein einziger großer Raum sind.

Oft stellt sich dabei die Frage, was sich im Nachhinein noch ändern ließe. Wenn alles schiefläuft, könnten wir zum Beispiel immer noch die eine oder andere Zwischenwand einziehen. Tageslicht und Lage hingegen lassen sich nicht so schnell anpassen.

Ich finde es amüsant, dass man im Urlaub oder auch bei Arbeitsreisen in Sachen Lage kaum Kompromisse eingeht: Es ist meist vollkommen akzeptierte Norm, die zehn zusätzlichen Fußminuten zum Strand oder zum Skilift zu vermeiden. Warum täglich zweimal zehn Minuten verschwenden, wenn es eine nähere – wenn auch meist etwas teurere – Herberge gibt?

Der Urlaub ist zu kurz, um Zeit zu verschwenden. Aber genau darum geht es: Warum sollte die Zeiteinsparung im täglichen Leben weniger wichtig sein, wo es oft wiederum ganz normal zu sein scheint, eine längere Fahrt in Kauf zu nehmen, um ein paar extra Quadratmeter zu ergattern?

Dass sowohl längere Pendelzeit als auch mehr Quadratmeter wesentliche Zeitfresser sind, ist wieder eine ganz andere Sache. Dabei zählt mehr Zeit aufzuwenden oft als noble Geste. Schließlich „bietet" man der Familie dadurch auch mehr – allerdings auf Kosten der ultimativen Ressource: Zeit. Um Zeit geht es auch beim Klimaschutz: um die mittlerweile verrannten Jahre und Jahrzehnte, in denen immer noch viel zu viele Schritte in die falsche Richtung wiesen.[172]

Der erste Schritt

Wie auch immer die individuelle Entscheidung der Wohnsituation ausfällt: Sie kann nur der erste Schritt sein. Das Weltklima insgesamt bemerkt ihn nicht. Die große Frage ist daher, ob dieser erste Schritt zu mehr führt – sowohl im eigenen Leben als auch im Großen.

Klimaschutz bedarf letztlich eines fundamentalen Umdenkens in Politik, Wirtschaft und Gesellschaft. Aus individueller Sicht ist dabei die Wohnungssuche ein wichtiger Schritt, vielleicht der wichtigste: Wir sind inzwischen weniger als dreißig Jahre vom deklarierten EU-Ziel der CO_2-Neutralität bis zum Jahr 2050 entfernt. Viele Bankkredite laufen so lange. Wird die heutige Wahl in dreißig Jahren noch die richtige sein, wenn Wirtschaft und Gesellschaft als Ganzes längst CO_2-neutral sein sollen? Erfüllt die Wohnung bereits jetzt strengere Gebäudestandards? Vermeidet sie den *Lock-in*, der mit einem Haus „im Grünen" einhergeht, das daher alles andere als grün ist? Gibt es Potenzial für mehr – viel mehr?

Am Ende geht es nicht um Leben versus Klima. Es geht um Balance: zwischen leben und leben lassen, zwischen Gesellschaft und Klima, zwischen Quadratmetern und Effizienz, zwischen wirtschaftlicher „Dynamik" und Resilienz, zwischen Gegenwart und Zukunft – zwischen Stadt, Land und Klima.

Anmerkungen und Quellen

1 Über 55 Prozent der Weltbevölkerung leben in urbanen Gebieten (UN Department of Economic and Social Affairs 2018). Die jüngsten Daten der UN Population Division der Weltbank: data.worldbank.org/indicator/SP.URB.TOTL.IN.ZS. Die Definitionen gehen dabei etwas auseinander. Eine Kategorisierung der EU für das Jahr 2015 besagt folgende Aufteilung: 48 Prozent wohnen in urbanen Zentren, weitere 17 Prozent in „dichten" Städten:

	Very Low Density	Low Density Rural	Rural Cluster	Suburban Grid	Semi-dense urban	Dense urban	Urban Centre	Total
Global	114,217,925	604,474,198	1,009,601,490	689,211,502	141,509,191	1,246,207,360	3,544,107,384	7,349,329,050
%	2%	8%	14%	9%	2%	17%	48%	100%

Quelle: Carneiro Freire, Sergio Manuel et al. (2020): Atlas of the Human Planet 2019. Luxembourg: Publications Office of the European Union. Verfügbar unter: https://ec.europa.eu/jrc/en/publication/eur-scientific-and-technical-research-reports/atlas-human-planet-2019 (abgerufen am 15. Oktober 2020), Tabelle 11, S. 509, genauere Definitionen dort auf Seite 22.

2 Parker, Kim et al. (2018): Pew Research Center's Social & Demographic Trends Project. Demographic and economic trends in urban, suburban and rural communities. Verfügbar unter: https://www.pewsocialtrends.org/2018/05/22/demographic-and-economic-trends-in-urban-suburban-and-rural-communities/ (abgerufen am 15. Oktober 2020).

3 Rösel, Felix; Weishaupt, Timo (2020): Städte quellen über, das Land dünnt sich aus: Anteil der Landbevölkerung auf niedrigstem Stand seit 1871. Dresden: ifo Institut, S. 28.

4 Henger, Ralph; Oberst, Christian (2019): Immer mehr Menschen verlassen die Großstädte wegen Wohnungsknappheit. Institut der Deutschen Wirtschaft. Verfügbar unter: https://www.iwkoeln.de/studien/iw-kurzberichte/beitrag/ralph-henger-christian-oberst-immer-mehr-menschen-verlassen-die-grossstaedte-wegen-wohnungsknappheit-419693.html (abgerufen am 15. Oktober 2020).

5 IWD (2019): Der Informationsdienst des Instituts der deutschen Wirtschaft. Deutsche wollen wieder im Speckgürtel wohnen. Verfügbar unter: https://www.iwd.de/artikel/deutsche-wollen-wieder-im-speckguertel-wohnen-422755/ (abgerufen am 15. Oktober 2020).

6 Detaillierte Daten für Europa bieten: Ottelin, Juudit et al.: „Household carbon footprint patterns by the degree of urbanisation in Europe." In: Environmental Research Letters, 14 (2019), 11, S. 114016. Detaillierte Daten für Deutschland finden sich in: Gill, Bernhard; Moeller, Simon: „GHG Emissions and the Rural-Urban Divide. A Carbon Footprint Analysis Based on the German Official Income and Expenditure Survey." In: Ecological Economics, 145 (2018), S. 160–169. Detaillierte Daten für die Vereinigten Staaten bieten Jones, Christopher; Kammen, Daniel M.: „Spatial Distribution of U.S. Household Carbon Footprints Reveals Suburbanization Undermines Greenhouse Gas Benefits of Urban Population Density." In: Environmental Science & Technology, 48 (2014), 2, S. 895–902. Karten und Daten gibt es auch unter: www.coolclimate.org/maps.

7   Cohen, Joyce: „They Wanted a Downtown Loft With Few Walls. Which One Would You Choose?" In: The New York Times, 5. September 2019. Verfügbar unter: https://www.nytimes.com/interactive/2019/09/05/realestate/05hunt-wagner.html (abgerufen am 15. Oktober 2020).

8   Kornei, Katherine: „Here are some of the world's worst cities for air quality." In: Science 21, (2017), S. 17.

9   Uruk ist nur eines von vielen Beispielen. Andere sind Çatalhöyük in der heutigen Türkei sowie die Metropole Cahokia unweit des heutigen St. Louis in Illinois, USA. Mehr dazu in: Newitz, Annalee (2021): Four Lost Cities: A Secret History of the Urban Age. W. W. Norton & Company.

10 Goodell, Jeff (2018): The water will come: rising seas, sinking cities and the remaking of the civilized world. Black Inc.

11 Collins, Lisa M.: „Sultry Nights and Magnolia Trees: New York City Is Now Subtropical." In: The New York Times, 24. Juli 2020. Verfügbar unter: https://www.nytimes.com/2020/07/24/nyregion/climate-change-nyc.html (abgerufen am 15. Oktober 2020).

12 McKibben, Bill (1990): Das Ende der Natur. List.

13 Siehe Anmerkung 6.

14 National Research Council (1999): Nature's Numbers: Expanding the National Economic Accounts to Include the Environment.

15 Wagner, Gernot (2002): US Timber Accounts, 1957–1997. Harvard College. Cambridge, MA. Eine Zusammenfassung gibt es in: Wagner, Gernot: „The Political Economy of Greening the National Income Accounts." In: Newsletter of the Association of Environmental and Resource Economists, 21 (2001), 1, S. 14–18.

16 Noch immer erhältlich unter: unstats.un.org/unsd/publication/SeriesF/SeriesF_61E.pdf

17 Siehe die Diskussion um Anmerkung 80–82.

18 Costanza, Robert et al.: „The value of the world's ecosystem services and natural capital." In: Nature, 387 (1997), 6630, S. 253–260.

19 Siehe z. B. Shoup, Donald C. (2005): The High Cost of Free Parking. Planners Press, American Planning Association.

20 Siehe z. B. Wagner, Gernot et al.: „Energy policy: Push renewables to spur carbon pricing." In: Nature, 525 (2015), 7567, S. 27–29.

21 Kuznets, Simon: „Economic growth and income inequality." In: The American economic review, 45 (1955), 1, S. 1–28.

22 Siehe z. B. Dasgupta, Susmita et al.: „Confronting the Environmental Kuznets Curve." In: Journal of Economic Perspectives, 16 (2002), 1, S. 147–168; sowie Dinda, Soumyananda: „Environmental Kuznets Curve Hypothesis: A Survey." In: Ecological Economics, 49 (2004), 4, S. 431–455.

23 Für Ungleichheit siehe z. B. Piketty, Thomas (2018): Das Kapital im 21. Jahrhundert. Übersetzt von Ilse Utz und Stefan Lorenzer. C. H. Beck. Ronald Coase wird hier oft als Beispiel genannt, warum Umweltverschmutzung gänzlich ohne Involvierung der Politik besser werden kann. Dieser Interpretation würde Coase selbst nicht zustimmen (Glaeser, Edward; Johnson, Simon; Shleifer, Andrei: „Coase Versus the Coasians." In: The Quarterly Journal of Economics, 116 [2001], 3, S. 853–899).

24 Siehe für einen Überblick zu Rauchgasentschwefelungstechnologien z.B. Srivastava, Ravi K.; Jozewicz, Wojciech; Singer, Carl: „SO2 scrubbing technologies: A review." In: Environmental Progress, 20 (2001), 4, S. 219–228. Wie Industrie die Umweltschutzkosten oft überschätzt, und für eine Berechnung der echten CO_2-Emissionsreduzierungskosten, siehe z.B. Meng, Kyle C.: „Using a Free Permit Rule to Forecast the Marginal Abatement Cost of Proposed Climate Policy." In: American Economic Review, 107 (2017), 3, S. 748–784.

25 Hierzu gibt es diverse Datenbanken. Eine Standardquelle ist die Weltbank: bit. ly/32wSnaN.

26 Die Studie war Teil meiner Dissertation (2007). Für die endgültige Publikation siehe: Wagner, Gernot: „Energy content of world trade." In: Energy Policy, 38 (2010), 12, S. 7710–7721. Für die prominenteste Studie zu diesem Thema, fokussiert auf CO_2-Emissionen, siehe: Davis, Steven J.; Caldeira, Ken: „Consumption-based accounting of CO_2 emissions." In: Proceedings of the National Academy of Sciences, 107 (2010), 12, S. 5687–5692. Für eine Beschreibung der Methode siehe: Peters, Glen P.: „From production-based to consumption-based national emission inventories." In: Ecological Economics, 65 (2008), 1, S. 13–23.

27 Siehe z. B. C40 Cities: Consumption-based GHG emissions of C40 cities. Verfügbar unter: https://www.c40.org/researches/consumption-based-emissions (abgerufen am 15. Oktober 2020). Für eine kritische Betrachtung siehe z.B. Leahy, Stephen: „Cities Emit 60 % More Carbon Than Thought." In: National Geographic, verfügbar unter: https://www.nationalgeographic.com/news/2018/03/city-consumption-greenhouse-gases-carbon-c40-spd/ (abgerufen am 15. Oktober 2020).

28 Siehe z. B. Perry, Mark J. (2019): American Enterprise Institute. Understanding America's enormous $20.6T economy by comparing US metro area GDPs to entire countries. Verfügbar unter: https://www.aei.org/carpe-diem/understanding-americas-enormous-20-6t-economy-by-comparing-us-metro-area-gdps-to-entire-countries/ (abgerufen am 15. Oktober 2020).

29 Siehe Jones, Christopher; Kammen, Daniel M.: „Spatial Distribution of U.S. Household Carbon Footprints Reveals Suburbanization Undermines Greenhouse Gas Benefits of Urban Population Density." In: Environmental Science & Technology, 48 (2014), 2, S. 895–902., bzw. die Diskussion um Anmerkung 6.

30 Siehe New Yorks Local Law 97 of 2019, ein Teil von vielen anderen Gebäudestandards und Auflagen: www1.nyc.gov/site/buildings/codes/local-laws.page.

31 Siehe z. B. Gillis, Justin; Nilles, Bruce: „Your Gas Stove Is Bad for You and the Planet." In: The New York Times, 1. May 2019. Verfügbar unter: https://www.nytimes.com/2019/05/01/opinion/climate-change-gas-electricity.html (abgerufen am 15. Oktober 2020).

32 Siehe z. B. Wagner, Gernot: „Der wahre Preis für Kohlendioxid." In: Project Syndicate, 28. Februar 2020. Verfügbar unter: https://www.project-syndicate.org/commentary/calculating-true-price-of-carbon-by-gernot-wagner-1-2020-02/german (abgerufen am 15. Oktober 2020); sowie Wagner, Gernot: „Vergessen wir einen an Nordhaus' DICE angelehnten Kohlenstoffpreis." In: Project Syndicate, 30. September 2020. Verfügbar unter: https://www.project-syndicate.org/onpoint/carbon-pricing-science-economics-by-gernot-wagner-2020-09/german (abgerufen am 15. Oktober 2020).

33 Geografie und Bevölkerungsdichte erklären vieles bei der Trump-Wahl 2016: Ehren-
    freund, Max; Guo, Jeff (2016): „A massive new study debunks a widespread theory for
    Donald Trump's success." In: Washington Post, 12. August 2016. Wilkinson, Will (2019):
    The Density Divide: Urbanization, Polarization, and Populist Backlash. Washingon, DC:
    Niskanen Center. Verfügbar unter: https://www.niskanencenter.org/the-density-divide-
    urbanization-polarization-and-populist-backlash/ (abgerufen am 15. Oktober 2020).

34 Siehe z. B. Blickle, Paul et al.: „Europawahl 2019: Die neuen Farben Europas." In: Die
    Zeit, 2. Juli 2019. Verfügbar unter: https://www.zeit.de/politik/ausland/2019-07/euro-
    pawahl-gemeinden-eu-mitgliedsstaaten-ergebnisse-analyse (abgerufen am 15. Oktober
    2020).; sowie Mildner, Vivica: FOCUS Online. Drei große Bruchstellen: Wahlen zeigen
    ein geteiltes Deutschland. Verfügbar unter: https://www.focus.de/politik/ausland/
    europawahl/grosse-unterschiede-unter-waehlern-stadt-land-ost-west-jung-alt-wahlen-
    zeigen-ein-geteiltes-deutschland_id_10765033.html (abgerufen am 15. Oktober 2020);
    sowie APA: „Wieder starke Stadt-Land-Unterschiede." In: Nationalratswahl 2019, 30.
    September 2019. Verfügbar unter: https://www.wienerzeitung.at/nachrichten/wahlen/
    nationalratswahl-2019/2031452-Wieder-starke-Stadt-Land-Unterschiede.html (abgeru-
    fen am 15. Oktober 2020).

35 Ribeiro, Haroldo V.; Rybski, Diego; Kropp, Jürgen P.: „Effects of changing population or
    density on urban carbon dioxide emissions." In: Nature Communications, 10 (2019), 1,
    S. 3204.

36 Foer, Jonathan Safran: Tiere essen. Kiepenheuer & Witsch, 2010. Siehe auch Kapitel 5:
    Essen.

37 Siehe z. B. Wagner, Gernot: „The California Dream Turns Into a Nightmare." In:
    Bloomberg Green Risky Climate column, 11. September 2020. Verfügbar unter: https://
    gwagner.com/risky-climate-california-nightmare/ (abgerufen am 15. Oktober 2020).

38 Die Deutsche Nachhaltigkeitsstrategie sieht 30 Hektar täglich bis ins Jahr 2030 vor, das
    Integrierte Umweltprogramm des Umweltbundesamtes 20 Hektar: Umweltbundesamt.
    Indikator: Siedlungs- und Verkehrsfläche. Verfügbar unter: https://www.umweltbundes-
    amt.de/indikator-siedlungs-verkehrsflaeche (abgerufen am 15. Oktober 2020).

39 WWF: Living Planet Report 2020. Gland, Switzerland: WWF. Verfügbar unter: https://
    livingplanet.panda.org/ (abgerufen am 15. Oktober 2020).

40 Sánchez-Bayo, Francisco; Wyckhuys, Kris A. G.: „Worldwide decline of the entomo-
    fauna: A review of its drivers." In: Biological Conservation, 232 (2019), S. 8–27.

41 Kolbert, Elizabeth (2015): Das sechste Sterben: Wie der Mensch Naturgeschichte
    schreibt. 3. Auflage. Suhrkamp Verlag.

42 Siehe z. B. Lambin, Eric F.; Meyfroidt, Patrick: „Global land use change, economic glo-
    balization, and the looming land scarcity." In: Proceedings of the National Academy of
    Sciences, 108 (2011), 9, S. 3465–3472. Für globale Daten siehe z. B.: land.copernicus.eu/
    global/products/lc.

43 Siehe Wilson, Edward O.: Die Hälfte der Erde: Ein Planet kämpft um sein Leben. C. H.
    Beck, 2016. Und auch z. B. Heal, Geoffrey: The Economic Case for Protecting Biodiver-
    sity. National Bureau of Economic Research, 2020.

44 Siehe Anmerkung 1.

45   Siehe z. B. Beck, Julie: „The Decline of the Driver's License." In: The Atlantic, 2016, verfügbar unter: https://www.theatlantic.com/technology/archive/2016/01/the-decline-of-the-drivers-license/425169/ (abgerufen am 15. Oktober 2020); sowie Henderson, Tim: Why many teens don't want to get a driver's license. (2017): PBS NewsHour. Verfügbar unter: https://www.pbs.org/newshour/nation/many-teens-dont-want-get-drivers-license (abgerufen am 15. Oktober 2020). Mit Blick auf Jugendarbeitslosigkeit liefert eine wichtige Erklärung Schmitt, Angie: Streetsblog USA. What Explains the Decline in Driving Among Young People? Verfügbar unter: https://usa.streetsblog.org/2017/03/29/what-explains-the-decline-in-driving-among-young-people/ (abgerufen am 15. Oktober 2020). Weitere Daten liefert Blumenberg, Evelyn A. et al.: Typecasting neighborhoods and travelers: analyzing the geography of travel behavior among teens and young adults in the US. United States. Federal Highway Administration. Office of Policy & Governmental Affairs, 2017.

46   Für ein deutsches Beispiel siehe z. B. Niemann, Anna-Lena: „Bürgerproteste: Schuld war wieder mal der Nimby." In: Frankfurter Allgemeine Zeitung, 1. Februar 2020. Verfügbar unter: https://www.faz.net/1.6599174 (abgerufen am 15. Oktober 2020).

47   Für anschaulich aufbereitete globale Daten siehe Wilson, Lindsay (2013): shrinkthatfootprint.com. How big is a house? Average house size by country. Verfügbar unter: http://shrinkthatfootprint.com/how-big-is-a-house (abgerufen am 15. Oktober 2020). Für eine wissenschaftlich fundierte Aufarbeitung siehe Glaeser, Edward et al.: „A real estate boom with Chinese characteristics." In: Journal of Economic Perspectives, 31 (2017), 1, S. 93–116. Zur Größe amerikanischer Häuser siehe Pinsker, Joe (2019): „Why Are American Homes So Big?" In: The Atlantic, verfügbar unter: https://www.theatlantic.com/family/archive/2019/09/american-houses-big/597811/ (abgerufen am 15. Oktober 2020).

48   Siehe z. B. Ostrom, Elinor (2009): Understanding institutional diversity. Princeton University Press.

49   Zur Idee von „Stadt", gutem und schlechten Design siehe z. B. Jacobs, Jane (2016): Cities and the Wealth of Nations. Knopf Doubleday Publishing Group; sowie Jacobs, Jane (2016): The Death and Life of Great American Cities. Knopf Doubleday Publishing Group. Und auch Page, Max; Mennel, Timothy (2017): Reconsidering Jane Jacobs. Routledge.

50   Siehe zahlreiche wissenschaftliche Abhandlungen zum Thema, vor allem aus ökonomischer Sicht: z. B. Duranton, Gilles; Puga, Diego: „The Economics of Urban Density." In: Journal of Economic Perspectives, 34 (2020), 3, S. 3–26; sowie Rosenthal, Stuart S.; Strange, William C.: „How Close Is Close? The Spatial Reach of Agglomeration Economies." In: Journal of Economic Perspectives, 34 (2020), 3, S. 27–49. Für eine historische Abhandlung siehe Wilson, Ben (2020): Metropolis: A History of the City, Humankind's Greatest Invention. Knopf Doubleday Publishing Group.

51   Bunjes, Miriam: „Modell für Deutschland? Weshalb Wohnungen in Wien so günstig sind." In: Die Welt, 10. Januar 2017. Verfügbar unter: https://www.welt.de/politik/deutschland/article161031051/Das-Geheimnis-der-bezahlbaren-Mieten.html (abgerufen am 15. Oktober 2020).

52   Siehe z. B. Storper, Michael; Venables, Anthony J. „Buzz: face-to-face contact and the urban economy." In: Journal of Economic Geography, 4 (2004), 4, S. 351–370.

53   Johnson, Niall P. A. S.; Mueller, Juergen: „Updating the Accounts: Global Mortality of the 1918-1920 ‚Spanish' Influenza Pandemic." In: Bulletin of the History of Medicine, 76 (2002), 1, S. 105–115.

54   Siehe z. B. Wagner, Gernot; Weitzman, Martin L. (2016): Klimaschock: Die extremen wirtschaftlichen Konsequenzen des Klimawandels. Carl Ueberreuter Verlag. Die Grundidee ist selbstverständlich viel älter: Pigou, A. C. (1920): The Economics of Welfare. Palgrave Macmillan.

55   Bixby, Honor et al.: „Rising rural body-mass index is the main driver of the global obesity epidemic in adults." In: Nature, 569 (2019), 7755, S. 260–264.

56   Weitzman, Martin L.: „Recombinant growth." In: The Quarterly Journal of Economics, 113 (1998), 2, S. 331–360.

57   Newton, Isaac (1675): Letter to Robert Hooke. Verfügbar unter: https://discover.hsp.org/Record/dc-9792 (abgerufen am 15. Oktober 2020).

58   Siehe z. B. Kenney, Martin (ed.) (2000): Understanding Silicon Valley: The Anatomy of an Entrepreneurial Region. Stanford University Press.

59   Siehe z. B. Ryan, Johnny (2010): A History of the Internet and the Digital Future. Reaktion Books.

60   Gibson, Megan (2016): „Healing powers." In: The Escapist, Monocle, Verfügbar unter: https://monocle.com/magazine/the-escapist/2016/healing-powers/ (abgerufen am 15. Oktober 2020).

61   Siehe Anmerkung 1.

62   Siehe z. B. NABU (2018): NABU – Naturschutzbund Deutschland e.V. Wer bekommt wie viel aus dem EU-Agrarhaushalt? Verfügbar unter: https://www.nabu.de/natur-und-landschaft/landnutzung/landwirtschaft/agrarpolitik/eu-agrarreform/25173.html (abgerufen am 15. Oktober 2020).

63   Siehe Anmerkung 33 und die entsprechende Diskussion im Text.

64   Frank, Thomas; Griese, Friedrich (2005): Was ist mit Kansas los? Wie die Konservativen das Herz von Amerika erobern. 1. Auflage. Berlin Verlag.

65   Associated Press (2008): McCain Counters Obama „Arab" Question. Verfügbar unter: https://www.youtube.com/watch?v=jrnRU3ocIH4 (abgerufen am 15. Oktober 2020).

66   Das Zitat wird oft John Emerich Edward Dalberg Acton (1834–1902), kurz Lord Acton, zugeschrieben. Siehe z. B.: www.acton.org/research/lord-acton-quote-archive.

67   Siehe z. B. Applebaum, Anne (2020): „History Will Judge the Complicit: Why have Republican leaders abandoned their principles in support of an immoral and dangerous president?" In: The Atlantic, verfügbar unter: https://www.theatlantic.com/magazine/archive/2020/07/trumps-collaborators/612250/ (abgerufen am 15. Oktober 2020).

68   Siehe z. B. Bursztyn, Leonardo; Egorov, Georgy; Fiorin, Stefano: „From extreme to mainstream: The erosion of social norms." In: American Economic Review, 110 (2020), 11, S. 3522–48.

69   Siehe z. B. Burke, Marshall; Hsiang, Solomon M.; Miguel, Edward: „Climate and Conflict." In: Annual Review of Economics, 7 (2015), 1, S. 577–617. Eine Zusammenfassung gebe ich in Wagner, Gernot: „Heatwaves, Fires, Storms: Blame Climate Change for Summer Misery." In: Bloomberg Green Risky Climate column, 14. August 2020.

Verfügbar unter: https://www.bloomberg.com/news/articles/2020-08-14/weather-2020-blame-climate-change-for-heatwaves-fires-storms-this-summer (abgerufen am 15. Oktober 2020).

70 Für die jeweiligen Studien siehe: Kung, James Kai-sing; Ma, Chicheng: „Can cultural norms reduce conflicts? Confucianism and peasant rebellions in Qing China." In: Journal of Development Economics, 111 (2014), S. 132–149. Chaney, Eric: „Revolt on the Nile: Economic Shocks, Religion, and Political Power." In: Econometrica, 81 (2013), 5, S. 2033–2053. Bohlken, Anjali Thomas; Sergenti, Ernest John: „Economic growth and ethnic violence: An empirical investigation of Hindu – Muslim riots in India." In: Journal of Peace Research, 47 (2010), 5, S. 589–600. Fjelde, Hanne; von Uexkull, Nina: „Climate triggers: Rainfall anomalies, vulnerability and communal conflict in Sub-Saharan Africa." In: Political Geography, 31 (2012), 7, S. 444–453. Miguel, Edward: „Poverty and Witch Killing." In: The Review of Economic Studies, 72 (2005), 4, S. 1153–1172. Hsiang, Solomon M.; Meng, Kyle C.; Cane, Mark A.: „Civil conflicts are associated with the global climate." In: Nature, 476 (2011), 7361, S. 438–441. Kim, Nam Kyu: „Revisiting Economic Shocks and Coups." In: Journal of Conflict Resolution, 60 (2016), 1, S. 3–31.

71 Siehe z. B. Kanter, David R. et al.: „Gaps and opportunities in nitrogen pollution policies around the world." In: Nature Sustainability, (2020), S. 1–8.

72 Für die einschneidende Bedeutung des Haber-Bosch-Verfahrens in der modernen Landwirtschaft siehe Morton, Oliver (2015): The Planet Remade: How Geoengineering Could Change the World. Princeton University Press.

73 Siehe z. B. Hermann, A.: „Haber und Bosch: Brot aus Luft – Die Ammoniaksynthese." In: Physikalische Blätter, 21 (1965), 4, S. 168–171.

74 Als Vorbereitung auf den Thron gab er sie 2020 nach 35 Jahren Betrieb auf, siehe Ball, Tom: „Prince Charles to give up his organic farm in preparation for becoming king." In: The Times, 19. August 2020. Verfügbar unter: https://www.thetimes.co.uk/article/prince-charles-decides-to-quit-organic-farm-in-preparation-for-becoming-king-3s56jdnpb (abgerufen am 15. Oktober 2020).

75 Siehe z. B. UNEP (2020): Improved climate action on food systems can deliver 20 percent of global emissions reductions needed by 2050. Verfügbar unter: http://www.unenvironment.org/news-and-stories/press-release/improved-climate-action-food-systems-can-deliver-20-percent-global (abgerufen am 15. Oktober 2020).

76 Siehe z. B. Mrasek, Volker (2020): Mikroplastik kann aus dem Meer zurückkehren. Deutschlandfunk. Verfügbar unter: https://www.deutschlandfunk.de/umweltverschmutzung-mikroplastik-kann-aus-dem-meer.676.de.html?dram:article_id=476578 (abgerufen am 15. Oktober 2020).

77 Siehe z. B. Drasch, G. et al.: „Mercury burden of human fetal and infant tissues." In: European Journal of Pediatrics, 153 (1994), 8, S. 607–610.

78 Zum Landbesitz im Westen der Vereinigten Staaten siehe z. B. Zizzamia, Daniel (2015): Making the West malleable: Coal, geohistory, and Western expansion, 1800–1920. Montana State University. Verfügbar unter: https://search.proquest.com/openview/0b67b15faf5980211a95db75052cac6c/1?pq-origsite=gscholar&cbl=18750&diss=y (abgerufen am 15. Oktober 2020). Zum Thema Landbesitz allgemein siehe Linklater, Andro (2014): Owning the Earth: The Transforming History of Land Ownership. A&C Black.

79 Eine weitere Subvention entsteht in Form von niedrigen bundesstaatlichen Lizenzge-
bühren, siehe Gentile, Nicole (2015): Center for American Progress. Federal Oil and
Gas Royalty and Revenue Reform. Verfügbar unter: https://www.americanprogress.
org/issues/green/reports/2015/06/19/115580/federal-oil-and-gas-royalty-and-revenue-
reform/ (abgerufen am 15. Oktober 2020). International liegen die Förderungen für die
Erdölindustrie im Billionenbereich, obwohl in der Gesamtsumme von Coady et al. auch
die Kosten des CO_2 miteinbezogen werden. Siehe z. B. Wagner, Gernot (2019): Market
Forces. Not all fossil fuel subsidies are created equal, all are bad for the planet. Verfügbar
unter: http://blogs.edf.org/markets/2019/06/13/not-all-fossil-fuel-subsidies-are-created-
equal-all-are-bad-for-the-planet/ (abgerufen am 15. Oktober 2020).

80 Wilson, Edward O. (2016): Die Hälfte der Erde: Ein Planet kämpft um sein Leben.
C. H. Beck.

81 Siehe Anmerkung 1.

82 Ceccherini, Guido et al.: „Abrupt increase in harvested forest area over Europe after
2015." In: Nature, 583 (2020), 7814, S. 72–77. Siehe auch Anmerkung 15 und die entsprechende Diskussion im Text.

83 Siehe z. B. Rothstein, Richard (2017): The Color of Law: A Forgotten History of How
Our Government Segregated America. Liveright. Verfügbar unter: https://www.epi.org/
publication/the-color-of-law-a-forgotten-history-of-how-our-government-segregated-
america/ (abgerufen am 15. Oktober 2020).

84 Frey, William H. (2020): Brookings. Even as metropolitan areas diversify, white Ameri-
cans still live in mostly white neighborhoods. Verfügbar unter: https://www.brookings.
edu/research/even-as-metropolitan-areas-diversify-white-americans-still-live-in-
mostly-white-neighborhoods/ (abgerufen am 15. Oktober 2020).

85 Schaffner, Brian F.; Rhodes, Jesse H.; Raja, Raymond J. La (2020): Hometown Inequality:
Race, Class, and Representation in American Local Politics. Cambridge University Press.

86 Bishop, Bill (2009): The Big Sort: Why the Clustering of Like-minded America is
Tearing Us Apart. Houghton Mifflin Harcourt. Für eine Analyse der Trump-Wahl im
Jahr 2016 siehe auch Wilkinson, Will (2019): The Density Divide: Urbanization, Polariza-
tion, and Populist Backlash. Washingon, D C: Niskanen Center. Verfügbar unter: https://
www.niskanencenter.org/the-density-divide-urbanization-polarization-and-populist-
backlash/ (abgerufen am 15. Oktober 2020). Eine kritische Betrachtung findet sich bei
Abrams, Samuel J.; Fiorina, Morris P.: „‚The Big Sort' That Wasn't: A Skeptical Reexami-
nation." In: PS: Political Science & Politics, 45 (2012), 2, S. 203–210.

87 Siehe Anmerkung 47.

88 Siehe Anmerkung 19.

89 Collins, Glenn: „For Hives and Honey In New York City; Rooftop Beekeepers Defy
Law to Get That Sweet Central Park Bouquet." In: The New York Times, 15. July 1999.
Verfügbar unter: https://www.nytimes.com/1999/07/15/nyregion/for-hives-honey-new-
york-city-rooftop-beekeepers-defy-law-get-that-sweet-central.html (abgerufen am
15. Oktober 2020).

90 Siehe z. B. Ginsburg, Elisabeth: „Cheating Winter, Growing Oranges Indoors." In:
The New York Times, 26. January 2003. Verfügbar unter: https://www.nytimes.

com/2003/01/26/garden/cheating-winter-growing-oranges-indoors.html (abgerufen am 15. Oktober 2020).

91 Siehe Anmerkung 11.

92 National Geographic (2017): National Geographic. The Surprising Science Behind the World's Most Popular Fruit. Verfügbar unter: https://www.nationalgeographic. com/environment/urban-expeditions/food/food-journeys-graphic/ (abgerufen am 15. Oktober 2020).

93 Berners-Lee, Mike (2010): How Bad Are Bananas? The carbon footprint of everything. Profile Books.

94 Siehe z. B. Haspel, Tamar (2016): „Will indoor, vertical farming help us feed the planet – or hurt it?" In: Washington Post, 17. June 2016. Verfügbar unter: https://www.washing-tonpost.com/lifestyle/food/will-indoor-vertical-farming-help-us-feed-the-planet--or-hurt-it/2016/06/16/f1faaa98-3332-11e6-8ff7-7b6c1998b7a0_story.html (abgerufen am 15. Oktober 2020).

95 C40 Cities (2015): C40. NYC CoolRoofs. Verfügbar unter: https://www.c40.org/case_studies/nyc-coolroofs (abgerufen am 15. Oktober 2020).

96 Siehe z. B. UNEP (2020): Improved climate action on food systems can deliver 20 percent of global emissions reductions needed by 2050. Verfügbar unter: http://www.unenvironment.org/news-and-stories/press-release/improved-climate-action-food-systems-can-deliver-20-percent-global (abgerufen am 15. Oktober 2020).

97 Foer, Jonathan Safran (2010): Tiere essen. Kiepenheuer & Witsch.

98 Video: Chenoweth, Erica (2013): The success of nonviolent civil resistance. Verfügbar unter: https://www.youtube.com/watch?v=YJSehRlU34w&feature=emb_title (abgeru-fen am 15. Oktober 2020). Buch: Chenoweth, Erica; Stephan, Maria J. (2011): Why Civil Resistance Works: The Strategic Logic of Nonviolent Conflict. Columbia University Press, S. 320.

99 Seinfeld, Jerry (2015): Comedians in Cars Getting Coffee. Verfügbar unter: https://www.youtube.com/watch?v=UM-Q_zpuJGU&feature=youtu.be&t=775 (abgerufen am 15. Oktober 2020).

100 Siehe z. B. Wagner, Gernot; Keith, David (2016): „Cop22 After Trump." In: Foreign Affairs, verfügbar unter: https://www.foreignaffairs.com/articles/2016-11-21/cop22-after-trump (abgerufen am 15. Oktober 2020).

101 Siehe z. B. Associated Press: „Sailing team to fly 2 crew to US to bring Thunberg boat back." In: AP News, 16. August 2019. Verfügbar unter: https://apnews.com/be12be-49011743daaa3646edb0de0b61 (abgerufen am 15. Oktober 2020).

102 Siehe z. B. Delbeke, Jos; Vis, Peter (Hg.) (2019): Towards a Climate-Neutral Europe: Curbing the Trend. Routledge.

103 Wagner, Gernot: „The California Dream Turns Into a Nightmare." In: Bloomberg Green Risky Climate column, 11. September 2020. Verfügbar unter: https://gwagner.com/risky-climate-california-nightmare/ (abgerufen am 15. Oktober 2020).

104 Siehe z. B. Gillingham, Kenneth; Rapson, David; Wagner, Gernot: „The Rebound Effect and Energy Efficiency Policy." In: Review of Environmental Economics and Policy, 10 (2016), 1, S. 68–88.

105 Jevons, William Stanley (1865): The Coal Question. 1st Ed. Macmillan and Co. Für einen Artikel, der die vielzitierte Passage hervorhebt, siehe Owen, David (2010): „The Efficiency Dilemma." In: The New Yorker, verfügbar unter: https://www.newyorker.com/magazine/2010/12/20/the-efficiency-dilemma (abgerufen am 15. Oktober 2020). Für eine erste Antwort darauf und die vielen weiteren Kommentare, die zu dieser Zeit erschienen, siehe Gillingham, Kenneth et al.: „Energy policy: The rebound effect is overplayed." In: Nature, 493 (2013), 7433, S. 475–476. Für einen Überblick zum Thema Rebound im Allgemeinen siehe Anmerkung 104.

106 Rawls, John (1985): Eine Theorie der Gerechtigkeit. Suhrkamp.

107 Redmond, Lothlorien S.; Mokhtarian, Patricia L.: „The positive utility of the commute: modeling ideal commute time and relative desired commute amount." In: Transportation, 28 (2001), 2, S. 179–205.

108 Siehe coredata.nyc, eine Datenbank des NYU Furman Center, für diese und viele andere Statistiken in Bezug auf New York City.

109 Siehe z. B. Goetz, Christopher: „Unemployment Duration and Geographic Mobility: Do Movers Fare Better than Stayers?" In: US Census Bureau Center for Economic Studies Paper No. CES-WP-14-41, (2014). In Bezug auf Eigenheim und Arbeitslosigkeit siehe auch Blanchflower, David G.; Oswald, Andrew J. (2013): Does High Home-Ownership Impair the Labor Market? National Bureau of Economic Research.

110 Siehe Anmerkung 25.

111 Es gibt mittlerweile zahlreiche Emissionsrechner im Internet. Diese Zahlen stammen von shameplane.com.

112 Notz, Dirk; Stroeve, Julienne: „Observed Arctic sea-ice loss directly follows anthropogenic CO_2 emission." In: Science, 354 (2016), 6313, S. 747–750. Auf shameplane.com lässt sich praktischerweise auch diese Quadratmeterzahl von geschmolzenem arktischen Meereseis pro Flug berechnen.

113 Heimlich, John P.; Jackson, Chris (2018): Air Travelers in America: Findings of a Survey Conducted by Ipsos. Airlines for America. Verfügbar unter: https://airlines.org/wp-content/uploads/2018/02/A4A-AirTravelSurvey-20Feb2018-FINAL.pdf (abgerufen am 15. Oktober 2020).

114 Siehe z. B. Materla, Vanessa: „Flugreisende: Von wegen Flugscham." In: Die Zeit, 30. August 2019. Verfügbar unter: https://www.zeit.de/mobilitaet/2019-08/flugreisende-inlandsfluege-urlaub-geschaeftsreisen-flugscham (abgerufen am 15. Oktober 2020).

115 Negroni, Christine (2016): Air & Space Magazine. How Much of the World's Population Has Flown in an Airplane? Verfügbar unter: https://www.airspacemag.com/daily-planet/how-much-worlds-population-has-flown-airplane-180957719/ (abgerufen am 15. Oktober 2020).

116 Auch hier besteht eine Verbindung zwischen Preis und Fettleibigkeit (Carolan, Michael (2013): The real cost of cheap food. Routledge). Netzwerke sind aber ebenso wichtig: Christakis, Nicholas A; Fowler, James H.: „The Spread of Obesity in a Large Social Network over 32 Years." In: New England Journal of Medicine, 357 (2007), 4, S. 370–379).

117 Pollan, Michael (2011): 64 Grundregeln ESSEN: Essen Sie nichts, was Ihre Großmutter nicht als Essen erkannt hätte. Goldmann Verlag.

118 Siehe z. B. Materla, Vanessa: „Flugreisende: Von wegen Flugscham." In: Die Zeit, 30. August 2019. Verfügbar unter: https://www.zeit.de/mobilitaet/2019-08/flugreisende-inlandsfluege-urlaub-geschaeftsreisen-flugscham (abgerufen am 15. Oktober 2020).

119 Schümer, Dirk: „Flugscham? Ein Plädoyer für den Flugstolz." In: Die Welt, 22. Oktober 2019. Verfügbar unter: https://www.welt.de/kultur/plus202301580/Flugscham-Ein-Plaedoyer-fuer-den-Flugstolz.html (abgerufen am 15. Oktober 2020).

120 Siehe z. B. Plumer, Brad; Popovich, Nadja: „Emissions Are Surging Back as Countries and States Reopen." In: The New York Times, 17. Juni 2020. Verfügbar unter: https://www.nytimes.com/interactive/2020/06/17/climate/virus-emissions-reopening.html (abgerufen am 15. Oktober 2020).

121 Siehe z. B. Hsiang, Solomon et al.: „The effect of large-scale anti-contagion policies on the COVID-19 pandemic." In: Nature, 584 (2020), 7820, S. 262–267.

122 Siehe z. B. Wagner, Gernot: „China's Carbon Neutrality Goal is Good Policy and Good Politics." In: Bloomberg Green Risky Climate column, 25. September 2020. Verfügbar unter: https://www.bloomberg.com/news/articles/2020-09-25/china-s-climate-goal-is-good-policy-and-good-politics (abgerufen am 15. Oktober 2020).

123 Garrote Sanchez, Daniel et al. (2020): Who on Earth Can Work from Home? The World Bank.

124 Siehe z. B. Wagner, Gernot: „Cities Hold the Key to a Low-Carbon Economy." In: Bloomberg Green Risky Climate column, 28. August 2020. Verfügbar unter: https://www.bloomberg.com/news/articles/2020-08-28/cities-hold-the-key-to-a-low-carbon-economy (abgerufen am 15. Oktober 2020).

125 Siehe Anmerkung 53 und die entsprechende Diskussion im Text.

126 NASA (2012): NASA. Apollo Astronaut Shares Story of NASA's Earthrise Photo. Brian Dunbar. Verfügbar unter: http://www.nasa.gov/centers/johnson/home/earthrise.html (abgerufen am 15. Oktober 2020).

127 Aronoff, Kate (2018): „BP Claims to Support Taxing Carbon, but It's Spending $13 Million Against an Initiative That Would Do Just That." In: The Intercept. Verfügbar unter: https://theintercept.com/2018/11/01/bp-washington-state-carbon-tax-initiative/ (abgerufen am 15. Oktober 2020).

128 Kenney, John: „Beyond Propaganda." In: The New York Times, 14. August 2006. Verfügbar unter: https://www.nytimes.com/2006/08/14/opinion/14kenney.html (abgerufen am 15. Oktober 2020).

129 Siehe Anmerkung 25.

130 Mohlin, Kristina et al.: „Factoring in the forgotten role of renewables in CO_2 emission trends using decomposition analysis." In: Energy Policy, 116 (2018), S. 290–296. (Ich bin Teil der „et al.'s".)

131 Wackernagel, Mathis; Rees, William (2013): Unser ökologischer Fußabdruck: Wie der Mensch Einfluß auf die Umwelt nimmt. Springer-Verlag.

132 Global Footprint Network (2020): Earth Overshoot Day. Past Earth Overshoot Days. Verfügbar unter: https://www.overshootday.org/newsroom/past-earth-overshoot-days/ (abgerufen am 15. Oktober 2020).

133 overshootday.org/steps-to-movethedate (abgerufen am 15. Oktober 2020).

134 Kaufman, Mark (2020): The devious fossil fuel propaganda we all use. Verfügbar unter: https://mashable.com/feature/carbon-footprint-pr-campaign-sham/ (abgerufen am 15. Oktober 2020). Siehe auch Anmerkung 128.

135 Solman, Gregory (2008): BP: Coloring Public Opinion? Verfügbar unter: https://www.adweek.com/brand-marketing/bp-coloring-public-opinion-91662/ (abgerufen am 15. Oktober 2020).

136 Keith, David W. et al.: „A Process for Capturing CO2 from the Atmosphere." In: Joule, 2 (2018), 8, S. 1573–1594.

137 Materla, Vanessa: „Flugreisende: Von wegen Flugscham." In: Die Zeit, 30. August 2019. Verfügbar unter: https://www.zeit.de/mobilitaet/2019-08/flugreisende-inlandsfluege-urlaub-geschaeftsreisen-flugscham (abgerufen am 15. Oktober 2020).

138 Siehe Anmerkung 102 und die entsprechende Diskussion im Text.

139 Machiavelli, Niccolò (1532): Il Principe.

140 Siehe z. B. Wagner, Gernot; Weitzman, Martin L. (2016): Klimaschock: Die extremen wirtschaftlichen Konsequenzen des Klimawandels. Carl Ueberreuter Verlag. Kapitel 1.

141 Siehe z. B. Wagner, Gernot: „Der wahre Preis für Kohlendioxid." In: Project Syndicate, 28. Februar 2020. Verfügbar unter: https://www.project-syndicate.org/commentary/calculating-true-price-of-carbon-by-gernot-wagner-1-2020-02/german (abgerufen am 15. Oktober 2020).

142 Siehe z. B. Wagner, Gernot: „Vergessen wir einen an Nordhaus' DICE angelehnten Kohlenstoffpreis." In: Project Syndicate, 30. September 2020. Verfügbar unter: https://www.project-syndicate.org/onpoint/carbon-pricing-science-economics-by-gernot-wagner-2020-09/german (abgerufen am 15. Oktober 2020).

143 Siehe den Abschnitt „Stadt ist Netzwerk" in Kapitel 3.

144 Kotchen, Matthew J.: „Which Social Cost of Carbon? A Theoretical Perspective." In: Journal of the Association of Environmental and Resource Economists, 5 (2018), 3, S. 673–694.

145 Siehe Sinn, Hans-Werner (2008): Das grüne Paradoxon: Plädoyer für eine illusionsfreie Klimapolitik. Ullstein; sowie Sinn, Hans-Werner: „Introductory Comment – The Green Paradox: A Supply-Side View of the Climate Problem." In: Review of Environmental Economics and Policy, 9 (2015), 2, S. 239–245. Eine kritische Diskussion bieten: Jensen, Svenn et al.: „An Introduction to the Green Paradox: The Unintended Consequences of Climate Policies." In: Review of Environmental Economics and Policy, 9 (2015), 2, S. 246–265; Long, Ngo Van: „The Green Paradox in Open Economies: Lessons from Static and Dynamic Models." In: Review of Environmental Economics and Policy, 9 (2015), 2, S. 266–284; van der Ploeg, Frederick; Withagen, Cees: „Global Warming and the Green Paradox: A Review of Adverse Effects of Climate Policies." In: Review of Environmental Economics and Policy, 9 (2015), 2, S. 285–303.

146 List, John A; Margolis, Michael; Osgood, Daniel E (2006): Is the Endangered Species Act Endangering Species? National Bureau of Economic Research.

147 Nir, Sarah Maslin: „With Gas Station's Closing, a Fuel Desert Expands in Manhattan." In: The New York Times, 15. April 2016.

Verfügbar unter: https://www.nytimes.com/2016/04/16/nyregion/a-gas-station-closes-in-soho-making-lower-manhattan-a-gasoline-desert.html (abgerufen am 15. Oktober 2020).

148 New York Times: „Work among the fallen. Opening the Florence Night Mission in Bleecker-Street." In: The New York Times, 20. April 1883. Verfügbar unter: https://www.nytimes.com/1883/04/20/archives/work-among-the-fallen-opening-the-florence-night-mission-in.html (abgerufen am 15. Oktober 2020).

149 Zur komplizierten Geschichte, einschließlich Margaret Sangers Verbindungen zur Eugenik, siehe: Stewart, Nikita: „Planned Parenthood in N.Y. Disavows Margaret Sanger Over Eugenics." In: The New York Times, 21. Juli 2020. Verfügbar unter: https://www.nytimes.com/2020/07/21/nyregion/planned-parenthood-margaret-sanger-eugenics.html (abgerufen am 15. Oktober 2020).

150 Siehe z. B. McGill, Andrew (2016): „Still Live In Your Hometown? You're Probably Voting for Trump." In: The Atlantic, verfügbar unter: https://www.theatlantic.com/politics/archive/2016/10/trump-supporters-hometowns/503033/ (abgerufen am 15. Oktober 2020).

151 Siehe Anmerkungen 33 und 34 sowie den Abschnitt „Potenzial für: viel mehr!" in Kapitel 1: Klima.

152 Mildenberger, Matto (2020): Carbon Captured.

153 Wagner, Gernot: „The Numbers Behind Exxon's Support for a Carbon Tax." In: Bloomberg Green Risky Climate column, 9. Oktober 2020. Verfügbar unter: https://www.bloomberg.com/news/articles/2020-10-09/the-numbers-behind-exxon-s-support-for-a-carbon-tax (abgerufen am 15. Oktober 2020).

154 Siehe z. B. Calhoun, Arthur Wallace (1919): A social history of the American family from colonial times to the present. 3. Arthur H. Clark Company; sowie Popenoe, David (2017): War Over the Family. Routledge.

155 Gautier, Pieter A.; Svarer, Michael; Teulings, Coen N.: „Sin City? Why Is the Divorce Rate Higher in Urban Areas?" In: The Scandinavian Journal of Economics, 111 (2009), 3, S. 439–456.

156 Siehe Anmerkung 25.

157 Siehe: population.un.org/wpp.

158 Kaya, Yoichi: „Impact of carbon dioxide emission control on GNP growth: interpretation of proposed scenarios." In: Intergovernmental Panel on Climate Change/Response Strategies Working Group, May, (1989). Die Kaya-Identität folgt dabei dem Beispiel von Ehrlich und Holdren, die sich auf den ersten Faktor, den des Bevölkerungswachstums, konzentriert hatten: Ehrlich, Paul R.; Holdren, John P.: „Impact of population growth." In: Science, 171 (1971), 3977, S. 1212–1217.

159 Wang, Haikun et al.: „China's CO_2 peak before 2030 implied from characteristics and growth of cities." In: Nature Sustainability, 2 (2019), 8, S. 748–754.

160 Siehe Anmerkung 122.

161 Siehe z. B. Moreno-Cruz, Juan B.; Wagner, Gernot; Keith, David W. (2018): „An Economic Anatomy of Optimal Climate Policy." (HKS Faculty Research Working Paper Series RWP17-028).

162　Siehe Anmerkung 136 und die entsprechende Diskussion im Text.

163　Siehe Anmerkung 7 und die entsprechende Diskussion im Text.

164　Siehe Anmerkung 47.

165　Kolbert, Elizabeth (2009): „Hosed." In: The New Yorker, verfügbar unter: https://www.newyorker.com/magazine/2009/11/16/hosed (abgerufen am 7. August 2020); sowie Wagner, Gernot (2011): But Will the Planet Notice? How Smart Economics Can Save the World. Hill & Wang/Farrar Strauss & Giroux, Kapitel 6.

166　Heidegger, Gerald; Hack, Günter (2018): Wo die meisten Autos „wohnen". Verfügbar unter: https://orf.at/v2/stories/2430040/2430061/ (abgerufen am 15. Oktober 2020).

167　Lowenstein, Roger (2007): Der große Irrtum: Die spektakuläre Geschichte vom Aufstieg und Untergang des raffiniertesten Investmentfonds aller Zeiten. 2. Auflage. FinanzBuch.

168　Kahan, Paul (2016): The Bank War: Andrew Jackson, Nicholas Biddle, and the Fight for American Finance. Westholme.

169　Siehe z. B. Wagner, Gernot: „Das Führungsversagen, das uns alles kosten wird." In: Project Syndicate, 27. April 2020. Verfügbar unter: https://www.project-syndicate.org/commentary/covid19-shows-need-to-take-systemic-risk-seriously-by-gernot-wagner-2020-04/german (abgerufen am 15. Oktober 2020); sowie Frydman, Roman; Wagner, Gernot: „Wie die US-Reaktion auf die Pandemie umgestaltet werden muss." In: Project Syndicate, 1. Juni 2020. Verfügbar unter: https://www.project-syndicate.org/commentary/deep-roots-of-disastrous-us-covid19-response-by-roman-frydman-and-gernot-wagner-2020-05/german (abgerufen am 15. Oktober 2020). Für die Verbindung zwischen COVID-19 und Klimawandel siehe Wagner, Gernot: „Wachstumsraten können uns umbringen – oder stärken." In: Project Syndicate, 18. März 2020. Verfügbar unter: https://www.project-syndicate.org/commentary/covid19-is-climate-change-on-steroids-by-gernot-wagner-2020-03/german (abgerufen am 15. Oktober 2020).

170　Cohen, Patricia: „Straggling in a Good Economy, and Now Struggling in a Crisis." In: The New York Times, 5. Oktober 2020. Verfügbar unter: https://www.nytimes.com/2020/04/16/business/economy/coronavirus-economy.html (abgerufen am 15. Oktober 2020).

171　Mazzucato, Mariana (2014): Das Kapital des Staates: Eine andere Geschichte von Innovation und Wachstum. Kunstmann.

172　Siehe z. B. Wagner, Gernot; Samaras, Costa: „Do We Really Have Only 12 Years to Avoid Climate Disaster?" In: The New York Times, 19. September 2019. Verfügbar unter: https://www.nytimes.com/2019/09/19/opinion/climate-change-12-years.html (abgerufen am 15. Oktober 2020).

Liebe Leserin, lieber Leser,

Hat Ihnen dieses Buch gefallen?
Wollen Sie weitere Informationen zum Thema?
Möchten Sie mit dem Autor in Kontakt treten?
Wir freuen uns auf Austausch und Anregung!

leserbrief@brandstaetterverlag.com

Christian Brandstätter Verlag
Wickenburggasse 26, 1080 Wien
Tel: 0043 1 512 15 430

Wir sagen Danke. Bleiben wir in Verbindung

Lassen Sie sich inspirieren!
Gute Geschichten, schöne Geschenkideen auf
www.brandstaetterverlag.com

Teilen macht Freude
#stadtlandklima #stadtlebenklimaschützen
#gernotwagner

Wir tragen Verantwortung
Dieses Buch wurde auf hochwertigem, FSC©-
zertifizierten Naturpapier gedruckt. Das Forest
Stewardship Council® ist eine internationale Nicht-
Regierungsorganisation, die weltweit eine umweltfreundliche, sozial gerechte und wirtschaftlich
tragfähige Bewirtschaftung der Wälder fördert.
Für die Druckproduktion und Endfertigung wurde
auf umweltfreundliche, ressourcenschonende und
schadstofffreie Produktionsweisen und Materialien
geachtet. Die Druckerei ist FSC© und PEFC™-
zertifiziert, regelmäßige Audits erfolgen im Rahmen
der internationalen Umweltmanagementnorm
ISO 14001 (Nr. 35025/C/0001/UK/En).
Diese international anerkannten, unabhängigen
und regelmäßig überprüften Standards gewährleisten eine umweltgerechte, sozial verträgliche,
nachhaltige und ökonomisch tragfähige Nutzung
entlang der gesamten Wertschöpfungskette Holz,
vom Baum bis zum Buch.

1. Auflage 2021
Alle Rechte vorbehalten

Copyright © 2021 by
Christian Brandstätter Verlag, Wien

Designed in Austria, printed in the EU

ISBN 978-3-7106-0508-6

Cover: Caroline Plank-Bachselten / Buero Plank
Satz: Burghard List
Lektorat: Stephan Gruber, feintext.eu
Projektleitung: Judith E. Innerhofer

FSC
www.fsc.org

MIX
Papier aus verantwor-
tungsvollen Quellen
FSC® C010798